Leonie Schulte

WENIGER IST MEHR –

Was Familien wirklich brauchen

MEHR FREIZEIT UND
LEBENSFREUDE GEWINNEN

Weniger ist mehr

Inhaltsverzeichnis

Ein paar Worte vorab — 4

1. FÜHLEN: Weniger Erwartungen, mehr Gelassenheit — 6
Warum wir von uns so viel erwarten — 11
Interview: »Hinreichend gut genügt!« — 12
Wie wir uns von Erwartungen befreien — 17
Glaubenssätze hinterfragen — 18
Inszenierungen erkennen — 19
Fehler zulassen — 21
Mehr Gegenwart wagen — 24
Werden, wer wir sein wollen — 25

2. LEBEN: Weniger Ballast, mehr Leichtigkeit — 28
Wie viel Stadt, wie viel Land brauchen wir? — 31
Wie viel Platz brauchen wir zum Leben? — 35
Wie viel Platz brauchen Kinder? — 37
Das viele Zeug: Was davon brauchen wir wirklich? — 39
Ausstattung: Jedem Anfang wohnt ein Kaufrausch inne — 41
Best-of — und was wir uns hätten sparen können — 44
Nichts ist umsonst. Nicht einmal Geschenke! — 46
Exkurs: Kindergeburtstag minimalistisch — 48
Lang lebe das Spielzeug! — 50
Exkurs: Spielzeugfrei zu Hause und im Kindergarten — 52
Interview: Wenn Spielzeuge auf Reisen gehen — 54
Das viele Zeug: Raus damit! — 56
Ausmisten für Fortgeschrittene: das Kinderzimmer — 58
Interview: »Kinder freuen sich an Ordnung und Übersicht.« — 60

3. BEGLEITEN: Weniger Sorge, mehr Vertrauen — 62
Der Wunsch nach Sicherheit — 65
Der Wunsch nach Leistung — 66
Der Wunsch nach funktionierenden Kindern — 68
Interview: »Die Aufgabe der Eltern ist, Heimatgeber zu sein.« — 70
Der Wunsch nach einer guten Zukunft — 74

Die Werte-Basis: Was uns als Familie trägt	75
Die Entwicklungsbasis: Was wir beeinflussen können – und was nicht	78
Die Beziehungsbasis: Wie wir uns verbinden	81
Wie wir gelassener erziehen	85
Schleppen wir nur so viel Gepäck mit uns herum wie nötig	86
Sagen wir Ja zu all dem, was wir sind – und nicht sind	86
Gehen wir vom Besten aus	87
Reduzieren wir den Stress – akut und grundsätzlich	88
Statt Grenzen ziehen lieber auf Beziehung setzen	89

4. ORGANIZIEREN: Weniger Druck, mehr Zeit — 90

Die Sache mit der Mental Load	94
Wie wir ins Gespräch kommen	96
Wie wir uns aufteilen	98
Aufgaben sichtbar machen	100
Großzügig streichen	100
Verantwortung übernehmen	102
Über Erwartungen sprechen	103
Die Sache mit der Zeit	105
Interview: »Das Kind braucht das Gefühl, dass seine Eltern da sind.«	106
Die Sache mit dem Dorf	113
Wenn man's allein schaffen muss	114
Alleinerziehende brauchen uns als Dorf!	116

5. ARBEITEN: Weniger Stress, mehr Balance — 118

Warum wir kein schlechtes Gewissen haben müssen	122
Wir brauchen einen neuen Teamgeist	129
Interview: »Es ist meine Pflicht, als Vater da zu sein.«	130
Wir brauchen das Ideal der Vielfalt	135
Vier Familien, die Vereinbarkeit leben	140
Auch andere Akteure sind gefragt	142
Das brauchen wir von der Politik	142
Das brauchen wir von Unternehmen	144
Das brauchen wir zur Kinderbetreuung	146

Ein paar Worte zum Schluss	148
Unsere Expertinnen und Experten	149
Quellenangaben	152
Literaturhinweise zum Weiterlesen	155
Register	156
Impressum	158
Dank und Bildnachweis	159

Weniger ist mehr

Ein paar Worte vorab

Die Überraschung habe ich ihnen angesehen, als ich meinen Freunden von diesem Buch erzählt habe. Minimalismus, Reduktion, Besinnen aufs Wesentliche – das waren nicht unbedingt Dinge, die sie als allererstes mit mir und meiner Familie in Verbindung bringen. Denn in unserem Freundeskreis sind wir so etwas wie die liebevollen Chaoten: Selten ist es hier aufgeräumt, dafür aber so gemütlich, dass ständig jemand zum Kaffee zu uns kommt. Und das klingt ja erst einmal alles andere als schlecht. Viele Freunde, eine große Familie und eine entspannte Grundhaltung – das könnten die Zutaten für ein erfülltes Leben sein.

Doch so schön es ist, mit Freunden Kaffee zu trinken, den Kindern beim Toben und Matschen zuzusehen und viel Zeit für einen Job aufzuwenden, der neben Geld auch Freude bringt: Es ist auch ziemlich anstrengend.

Kein Wunder, wir sind ja auch mitten drin in der Rushhour unseres Lebens. Kinder, Karriere, alles läuft gerade gleichzeitig. Und so ist auch unser Leben mit den Jahren stetig gewachsen. Mehr Dinge, mehr Kinder, mehr Bedürfnisse. Dazu all die Möglichkeiten, die das Leben sonst noch so bietet. Doch weil das nicht von heute auf morgen passiert, sondern schleichend, fällt zunächst gar nicht auf, dass aus dem Mehr irgendwann ein Zuviel geworden ist.

Darum lag ich trotz meiner gelassenen Grundhaltung zu viele Nächte wach, weil ich nicht wusste, wie ich den nächsten Tag bewältigen sollte. Ich hatte zu viel Arbeit, zu viele Termine, zu viele Verbindlichkeiten. Und vor allem zu viele Erwartungen. Dazu ein Haus, das zum Bersten gefüllt ist mit Dingen, von denen ich gar nicht mehr wusste, dass wir sie besitzen.

Mir ist also etwas passiert, von dem ich ausführlich in diesem Buch schreiben werde, und das auch viele andere Mütter und Väter kennen werden: Ich habe ein volles Leben mit einem erfüllten verwechselt.

Schon lange vor meiner Recherche war mir klar: Meine Herausforderung im Leben besteht nicht darin, etwas zu finden, wofür ich mich begeistern kann. Sondern darin, mich im Leben zu beschränken. Genauer hinzuschauen und herauszufinden, womit ich mich verbunden und wem ich mich verpflichtet fühle. Vor diesem Hintergrund ist dieses Buch also gar keine Überraschung, sondern eine logische Konsequenz. Es ist die Essenz einer jahrelangen Reise.

Ich hatte inzwischen jede Menge darüber gelernt, wie wir unseren Fokus neu ausrichten können. Wie wir Ballast abwerfen und mehr Gelassenheit finden können. Darüber wollte ich schreiben. Dann kam Corona.

Im Laufe der Monate hatte es fast etwas Ironisches, übers Aufräumen zu schreiben, während ich mir keine Zeit fürs Haarekämmen gönnte. Sich über Vereinbarkeit von Familie und Beruf Gedanken zu machen, wenn wieder mal Kitaschließungen anstanden. Aber es hatte auch sein Gutes, denn spätestens jetzt war mir klar: Ich weiß wirklich, wovon ich schreibe!

Das Gefühl der Überforderung war an manchen Tagen stärker denn je. Aber ebenso auch der Wunsch nach Veränderung. Das Leben mit Familie, es soll so reich, so bunt und lebendig bleiben, wie es all die Jahre war. Gleichzeitig aber muss es sich überschaubar und vor allem bewältigbar anfühlen. Wir Familien brauchen einen Alltag, der zu schaffen ist.

Nach diesem Jahr der Recherche bin ich überzeugt, dass uns genau das gelingen kann. Und zwar, indem wir den Blick wieder mehr nach innen richten und gütiger auf den Menschen schauen, der wir sind — mit allen Stärken, Talenten, Schwächen und Unzulänglichkeiten, die wir als Mutter oder Vater mitbringen. Und gleichzeitig kritischer aufs Außen schauen, uns bewusst werden, dass politische und gesellschaftliche Strukturen und Normvorstellungen Druck auf uns Eltern ausüben. Dass sie unserem Familienleben eine ganz schöne Last aufbürden.

Dabei muss das Leben gar nicht so schwer sein. Im Gegenteil sogar: Wir Eltern dürfen es uns leicht machen! Und zwar genau jetzt, in der Gegenwart. Wir dürfen das »Weniger ist mehr«-Prinzip in sämtlichen Facetten leben: Weniger Erwartungen an uns und unsere Kinder, mehr Gelassenheit und Vertrauen darauf, dass die Dinge schon gut werden. Dazu müssen wir nicht zur besten Version unserer selbst werden. Eltern okay, Kinder okay — das ist absolut gut genug!

> In diesem Buch geht es um Familie, die Rolle der Mutter, des Vaters. Ganz bewusst eingeschlossen sind hier all die wunderbar unterschiedlichen Arten, diese Rollen zu erfüllen: Die Patchwork-Familie, die Single-Mama, der Stiefvater, die Bonus-Mutter, Regenbogen-Paare oder einfach Menschen, die sich keine dieser Rollen klar zuschreiben können.

1. FÜHLEN
Weniger Erwartungen, mehr Gelassenheit

Fühlen

Weniger Erwartungen, mehr Gelassenheit

Werden wir Eltern, verändert sich unser ganzes Leben. Die ersten Tritte an die Bauchdecke sind eine Art Vorbote, als wollte das Baby sagen: »Ich bringe alles durcheinander, stellt euch darauf ein!« Und tatsächlich: So viel Verunsicherung, so viel Überforderung. Doch wir können lernen, damit umzugehen. Die Superkraft dazu tragen wir schon in uns, wir müssen sie nur kultivieren. Denn was wir Eltern jetzt am meisten brauchen, ist unsere Egal-Kompetenz.

Da saß ich nun, heulend mit diesem kleinen Bündel Leben in meinen Armen. In meinem Kopf ratterten die Fragen: Wie sollte ich das nur schaffen, dieses »gute Mutter«-Ding? Woher sollte ich wissen, was meine Tochter brauchen wird? Was richtige Entscheidungen sein werden, und was falsche? Dieses Kind in meinen Armen war keine zwei Monate alt, als in diesem einen Moment die ganze Last des Elternseins über mir zusammenbrach. Ich dachte nur noch: Was, wenn du das hier jetzt vermasselst?

Solche Überforderungsgefühle kennt vermutlich jeder von uns. Manche spüren sie wie ich im ersten Jahr, wenn die Weichzeichner der Baby-Anfangszeit um uns herum verschwinden und das neue

Leben mit Kind plötzlich Alltag wird. Bei anderen fangen diese Sorgen an, wenn das Kind in die Betreuung geht, wenn sie wieder mit dem Job starten oder das nächste Baby unterwegs ist. Die Überforderung wird dann besonders groß, wenn wir gezwungen sind, unsere kleine Elternblase zu verlassen. Wenn das Außen anklopft, uns hinauszieht und wieder neue Anforderungen an uns stellt.

Überforderung und Versagensangst gehören zum Elternsein dazu. Schließlich haben wir so ungefähr die anspruchsvollste Aufgabe von allen: Wir sind verantwortlich für Wohl und Wehe eines Kindes. Ich finde, da darf einem schon mal der Allerwerteste für einen Moment auf Grundeis gehen. Schwierig aber wird es, wenn es nicht bei einzelnen Momenten bleibt. Wenn sich dieses Überforderungsgefühl als eine Art Grundrauschen über unseren Alltag legt. Wenn wir jeden Tag aufs Neue denken: Das schaffe ich doch alles nicht!

Und damit sind wir längst nicht allein. Überforderung ist zum Kennzeichen der heutigen Zeit geworden, unserer Konsum- und Leistungsgesellschaft. Höher, schneller, weiter, mit dem Versprechen, am Ende warte das große Glück. Ich persönlich kenne niemanden, ob mit Kind oder ohne, der auf diese Art wirklich glücklich geworden ist. Im Gegenteil: Für viele Menschen scheint sich das Leben verflucht schwer anzufühlen. Und auch ich spüre diese Last. Mit Kindern ist nichts mehr mit höher, schneller, weiter. Das Leben wird langsamer. Man könnte sagen schwerfälliger. Man könnte auch sagen: entschleunigt.

Überforderung gehört dazu.

Inzwischen glaube ich, dass Eltern zu sein nicht unbedingt schwer sein muss. Nur haben wir uns eine Welt geschaffen, die gar nicht mehr unserer ursprünglichen Art zu leben entspricht, eine Welt, die nicht mehr *artgerecht* ist. In der wir glauben, viel Leistung in wenig Zeit erbringen zu müssen. »Das Tempo unseres täglichen Lebens ist immer weniger auf das Tempo der Kindheit ausgerichtet«, schreibt der Pädagoge und Autor Kim John Payne.[1]

»Sag mir, was willst du tun mit deinem einen wilden und kostbaren Leben?«

Mary Oliver

Er meint damit einen Alltag, den wir Erwachsenen ungefähr so füllen: Arbeit, Hobby, Ehrenamt, Schule, Kindergarten, Sport, Nachhilfe, Verabredung, Familienfeier, Englischkurs, Chorprobe. Buch lesen, gesundes Essen kochen, Wäsche waschen, Fahrrad fahren, Nachrichten schreiben. Gut aussehen, gut zuhören, gut erziehen. Und am Ende immer noch nicht gut genug sein.

1 FÜHLEN

Wir sind geborene Minimalisten.

Wir haben uns eine Welt geschaffen, die uns dauerhaft stresst. Und in der wir diesen Stress nicht einmal mehr infrage stellen. Im Gegenteil: Wir verklären ihn sogar als Ausdruck von Betriebsamkeit. Wer gestresst ist, der leistet etwas. Puh! Ich finde, es ist Zeit, gehörig auf die Bremse zu treten. Und dann noch mal neu Anlauf zu nehmen und sich zu fragen: Was ist wirklich bedeutsam in unserem Leben?

Das ist im Übrigen auch die Kernfrage, die sich Minimalisten stellen. Der Minimalismus ist nämlich weit mehr als ein Lifestyle, auch wenn der Begriff bei vielen das Bild von kleinen Häusern, kargen Räumen oder Unverpacktläden vor Augen ruft. »Minimalismus ist der Versuch, das Nicht-Essenzielle zur Seite zu schieben, um das wirklich Wichtige besser würdigen zu können«, sagt Buchautor Fumio Sasaki.[2] Der Minimalismus ist also im besten Fall ein Lebensprinzip, nach dem wir uns dem wirklich Bedeutsamen widmen. Wir Menschen werden sogar als Minimalisten geboren! Ein Baby kommt ohne Besitz zur Welt, und auch seine Bedürfnisse sind überschaubar: Nahrung, Schutz und Geborgenheit, das reicht fürs Erste. Warum dachte ich noch gleich, diesem zwei Monate alten Baby in meinen Armen nicht gerecht werden zu können?

Weil wir eben nur im Ursprung minimalistisch sind. Auf dem Weg zum Erwachsenwerden ist es unsere Umwelt, die uns prägt. Und die uns heute zu erdrücken scheint. Tatsächlich ist unser Alltag vollgestopft mit Dingen, mit Terminen, mit Erwartungen. Wir halten uns allzeit für alles bereit, für wechselnde Wetterlagen genauso wie für neue Anforderungen. Wir sind Mutter, Vater, Erzieher, Lehrkraft, Vorbild, Arbeitnehmer, Freundin, Schwester, Kumpel, Ehemann und Partnerin. Wir sind alles, und alles gleichzeitig. Und das bitteschön auch ziemlich perfekt. Also nicht so Helikoptereltern-perfekt. Das will ja keiner. Entspannt, aber makellos sollen wir sein. Und während wir das alles deichseln, bereiten wir unsere Kinder auf die Welt von morgen vor, ohne zu wissen, was das eigentlich für eine sein wird.

Bei all der Last ist es kein Wunder, dass wir in unserem Familienalltag ständig Gefahr laufen, uns einen Bruch zu heben. Wir sollten also schleunigst schauen, ein bisschen was von diesem Gepäck loszuwerden. Deshalb wird es in den kommenden Kapiteln auch darum gehen, wie wir Dinge in unserem

Alltag konkret ändern können, um die tägliche Last zu reduzieren. In diesem Abschnitt aber möchte ich dazu einladen, ein paar Schritte zurückzutreten und die Welt, wie wir sie kennen, mit etwas Abstand zu betrachten — und den kritischen Blick dafür zu schärfen.

Denn auch wenn wir gern glauben, furchtbar autonom und emanzipiert zu leben, so erlauben wir doch, dass zahlreiche Dinge auf unser tägliches Leben einwirken. »Stressige Situationen entstehen, wenn man mit mehr Dingen belastet ist, als man verträgt«, schreibt Sasaki. Das gilt für die Spielsachen im Kinderzimmer, aber auch für die Erwartungen, die wir an uns als Eltern und an unsere Kinder haben.

Weniger Gepäck

Warum wir von uns so viel erwarten

Noch nie war Elternsein so einfach — und noch nie so schwer. Heute denken wir Elternschaft und Familie viel breiter: Homosexuelle Männer können ebenso aktive Väter sein wie heterosexuelle. Frauen bekommen Kinder mit Menschen, die sie nicht lieben, aber als Co-Parent schätzen. Paare finden in Patchworkfamilien zusammen oder ziehen die Kinder lieber getrennt voneinander groß. Und doch schlummert tief in uns drin auch ein sehr eng gefasstes Bild von Mutter- oder Vaterschaft. Es ist das Bild, das auch die Gesellschaft für uns zeichnet. Es schreibt Müttern und Vätern bestimmte Rollen zu, mit Normen, die sie zu erfüllen haben. Und die sind nicht nur eng gefasst, sie sind auch noch widersprüchlich.

Die *gute Mutter* kümmert sich seit dem 19. Jahrhundert vorrangig um das Wohl der Kinder. Sie opfert sich auf. So wollte es die industrialisierte Gesellschaft, so wollten es auch die alten Gelehrten wie Rousseau, Piaget oder Sigmund Freud. So war das Ideal in Westdeutschland, und so will es die Mehrheit noch heute. In einer Allensbach-Studie zu Familienleitbildern sagen 81 Prozent, dass Mütter so viel Zeit wie möglich mit ihren Kindern verbringen sollen.[3] Für etwa die Hälfte der befragten Personen bedeutet das auch, dass die Mutter dafür beruflich kürzertreten sollte, worauf Laura Fröhlich in ihrem Buch hinweist.[4]

Seit Beginn des 21. Jahrhunderts ist nämlich die *gute Mutter* zudem auch eine berufstätige Frau. Eine gute Mutter ist eben nicht nur bei den Kindern.

Was ist eine gute Mutter?

»Hinreichend gut genügt!«

MARGRIT STAMM
emeritierte Professorin für Erziehungswissenschaften

Margrit Stamm ist Autorin des Buches *Du musst nicht perfekt sein, Mama!*. Ihr zufolge setzen besonders Expertinnen und Experten aus Geburtshilfe, Hirnforschung und Pädiatrie vor allem die Mütter unter Druck.

Sie schreiben dagegen an, alles perfekt machen zu wollen. Aber ist es denn so falsch, es gerade als Mutter besonders gut machen zu wollen?

Nein, das ist erst einmal nicht falsch. Aber ich schreibe es auch in meinem Buch: Eine hinreichend gute Mutter zu sein genügt! Die Gesellschaft hat die Erwartung an die Mittelschichtsmütter, ob sie berufstätig sind oder nicht, dass sie die Kinder innig lieben, dass sie selbstlos sind, fürsorglich, dass sie nie die Nerven verlieren, immer gut gelaunt sind, dass sie die Kinder fördern. Dass sie sich selbstverständlich an Erziehungsratgebern orientieren und genau wissen, was wann zu tun ist. Und dass sie die wichtigste Bezugsperson der Kinder sind. Man versucht immer, die Frauen zu ermuntern, noch besser zu werden. Dann bekämen sie eine Auszeit und dürften für ein Wochenende in ein Wellness-Hotel. Dafür aber müssen sie erst einmal den Ansprüchen genügen.

Den Ansprüchen an eine Supermama?

Wir leben in einer Gesellschaft, die sagt: Jeder ist seines Glückes Schmied. Übertragen auf Mütter heißt das: Es liegt an dir, ob du das Ganze auf die Rolle kriegst. Wenn du das richtig machst, dann kannst du deinen Beruf, deine Familie, deine Weiblichkeit, deine Individualität, alles unter einen Hut bringen. Aber du bist die, auf die es ankommt! Und da liegt das Herzstück der ganzen Problematik. Wenn Frauen sich dieses »Weniger ist mehr« auf die Fahnen schreiben, hätten sie vermutlich das Gefühl, diesem Ideal der perfekten, der guten Supermutter nicht mehr gerecht zu werden. Die Gesellschaft würde sie nur als durchschnittliche Mutter etikettieren.

Fürsorglich, innig liebend — soll man das alles denn nicht sein?
Doch, das darf man alles sein. Aber nicht basierend auf diesem perfektionistischen Ideal. Eine hinreichend gute Mutter ist eine, die auch Fehler machen und die sich auch selbst lieben darf. Die sich auch als individuelle Person versteht. Ich finde, das Muttersein ist etwas unglaublich Emotionales und Wunderbares. Aber Frauen dürfen auch dazu stehen, dass das nicht immer so ist. Dieses Supermama-Ideal kann keine Frau erreichen.

Was machen diese hohen Ansprüche mit den Müttern?
Gewisse Ansprüche an sich sind erst einmal nicht verkehrt. Aber wichtig ist, diese Ansprüche zu reflektieren und gesunde von ungesunden unterscheiden zu können. Ich spreche da auch aus eigener Erfahrung. Als Mutter muss ich lernen, dass etwas schiefgehen darf, dass Fehler, die ich mache, nicht per se den Kindern schaden. Kinder sind widerstandsfähig. Ungesund ist es, wenn ein Fehler gleich ein Weltuntergang ist.

Woher kommen überhaupt diese Ansprüche?
Das sind eigene Erwartungen, auch die der Freundinnen, aber eben auch der Fachleute. Teilweise ist es leider immer noch so, dass Kinderärzte zum Beispiel Mütter mit ganz subtilen Fragen und Botschaften spüren lassen, sie seien nie gut genug.

Was für subtile Botschaften meinen Sie?
Es beginnt ja schon, wenn eine Frau schwanger wird. Sie wird bereits im frühesten Stadium der Schwangerschaft vermessen. Dann wird sie gefragt: »Ist Ihr Beruf stressig? Sie müssen aufpassen, dass das nicht auf Ihr ungeborenes Kind übergreift. Sie müssen sich mehr schonen!« Das Kind ist noch nicht einmal geboren, doch die Frauen werden schon verantwortlich gemacht. Denn die Fachleute haben es in ihr Ethos aufgenommen, dass die Mutter ganz für ihr Kind da ist. Und dann geht es ja weiter: Ist das Kind auf der Welt, sind es immer noch die Mütter, die schuldig gesprochen werden, wenn irgendetwas in der Entwicklung nicht klappt. Dass sie das, was sie als Mutter tun, doch noch besser könnten.

Und was ist mit dem Vater?
Und der Mann ist der nette Unterstützer. Der wird nur kritisiert, wenn er zu wenig zu Hause macht. Er wird aber nicht dafür kritisiert, dass er sich beispielsweise falsch für das Kind engagiert oder immer eine Schattenfigur ist.

Das heißt, die hohen Ansprüche sind vor allem ein Problem der Mütter und nicht der Väter?
Genau. Im letzten Familienbericht der Bundesregierung etwa wird immer von den Belastungen der Mütter und der Väter gesprochen. Aber man müsste mal über die Ursachen der Belastungen sprechen und dass diese auch gesellschaftlich bedingt sind. Dass die Belastungen aus den Institutionen kommen, wird viel zu wenig diskutiert. Gynäkologen, Kinderärzte, Familienpolitik, Schwangerschaftsvorbereitungen — die sind immer an der optimalen Betreuung und Fürsorge für die Kinder ausgerichtet, und in der Regel stehen da die Mütter im Zentrum. Die Mütter werden ständig angehalten, sich noch optimaler zu verhalten. Kinder aber brauchen nicht immer die optimalste Betreuung, die optimalste Fürsorge, die perfekte Mutter. Das ist für die Kinder sogar hinderlich.

Warum hinderlich?
Weil Kinder auch autonom werden müssen. Sie müssen lernen, sich in der Welt zu bewegen. Wenn jetzt auch noch die Väter dazukommen und sich ebenfalls überintensiv um das Kind kümmern, dann kann es sich eigentlich gar nicht in Richtung Autonomie und Selbstständigkeit entwickeln, weil immer die Mama oder der Papa da ist, die das Kind vor der ganzen Unbill des Lebens schützen.

Die Mutter hat schuld.

Heißt das, die Bindungsorientierung, die die Fürsorge für das Kind ins Zentrum rückt, hat uns da ein Bein gestellt?
Neben dem Neoliberalismus, der da eben sagt, jeder sei seines eigenen Glückes Schmied, sind interessanterweise die Bindungs- und die Hirnforschung Teil des Problems, ja. Denn sie sind es, die seit der Jahrtausendwende vor allem die Mütter fokussieren. Die Bindungsforschung sagt: Die Mutter ist nach wie vor die wichtigste Bindungsperson eines Kindes. Sie muss ein gutes, feinfühliges, intensives »Attachment Parenting« aufbauen, damit sich das Kind in der Welt wohlfühlen kann. Der Vater wird relativ selten erwähnt. Obwohl Väter sehr wohl auf eine andere Art intensive und fürsorgliche Erzieher sein können. Und die Hirnforschung sagt: Liebe Eltern — aber man meint immer die Mütter —, wenn ihr euer Kind nicht früh genug in den sensiblen Phasen fördert, dann seid ihr schuld, wenn es sich nicht so entwickelt wie erwartet! Genau das sind auch die Botschaften der marktorientierten Förderprogramme. Und weil eben die Mütter die Hauptverantwortlichen sind, sprechen vor allem sie auf solche Botschaften extrem an und fahren dann zum Babyschwimmen und ins Baby-Yoga. Sie machen es, weil alle anderen es auch machen. Und weil sie wissen: Sonst bin ich out.

Was können Eltern tun, um sich von diesen Ansprüchen zu befreien?
Ich habe keinen Erziehungsratgeber geschrieben. Aber aus persönlicher Erfahrung als Mutter kann ich nur raten, in den Spiegel zu gucken und sich ehrlich zu fragen: Was genau möchte ich? Was wäre für mich und für uns als Familie gut? Der wichtigste Schritt ist, dass man sich traut, den Mainstream zu kritisieren. Der zweite Schritt ist, sich einen Freundeskreis aufzubauen aus Leuten, die ähnlich denken. Dass man nicht immer nur die Einzige ist, das einzige Paar, das es anders machen will. Der dritte Schritt ist, sich Fachleute auszusuchen, die moderner denken und die sich von diesem Supermama-Mythos abgrenzen. Aber Eltern müssen das auch auf politischer Ebene einfordern und sagen: Wir brauchen mehr Kita-Plätze, mehr ausgefeilte Elternzeiten. Und diese überhöhten Ansprüche müssen eben auch politisch diskutiert werden.

Sie schreiben »Wir müssen die gute Mutter neu konstruieren«. Ist die neue gute Mutter die, die einen kritischen Blick nach außen und einen gütigen Blick nach innen wagt?
Genau! Die einen gütigen Blick auf sich selbst hat und sich nicht nur im traditionellen Sinn emanzipiert gegenüber den Geschlechterrollen, sondern auch gegenüber den Erwartungen, die die Gesellschaft an die sogenannten guten Mütter hat.

Kritisch sein

Die neuen Väter

Hausfrau zu sein gilt spätestens seit der Elterngeldreform im Jahr 2007 als völlig verpönt. Trotzdem bleiben die Kinder bei ihr aber immer an erster Stelle. Kind ja, aber keine Karriere, bitte.

Und doch erleben wir heute auch einen Wandel der Leitbilder. Immer mehr Menschen erwarten etwa, dass beide Elternteile sich in der Familie engagieren. Dadurch ändert sich auch bei den Männern einiges. Das ist gut, denn sie haben dadurch die Chance auf ein erfülltes oder gar erfüllteres Leben (siehe Interview mit Birk Grüling: »Es ist meine Pflicht, als Vater da zu sein«, S. 130). Aber es ist auch herausfordernd: Bis vor Kurzem war der gute Vater ausschließlich Zaungast im Familienleben, die Kinder waren bei der Mutter, dafür trug er allein die finanzielle Last der Familie. Heute soll er freilich immer noch der Familienernährer sein. Und der gute Arbeitnehmer. Schließlich erwartet ihn der Chef mindestens 40 Stunden die Woche am Arbeitsplatz. Ein Mann in Teilzeit ist noch immer eine Rarität. Gleichzeitig soll er aber zu Hause präsent sein und enge Beziehungen zu den Kindern pflegen. »Damit richten sich heute in der Summe eher mehr unterschiedliche Erwartungen an Väter als in den vorangegangenen Generationen«, heißt es in der Allensbach-Studie.

Genauso widersprüchlich ist im Übrigen auch die Politik. Einerseits soll durch die Einführung der Partnerschaftsmonate beim Elterngeld und durch den Ausbau der Kinderbetreuung die Berufstätigkeit der Mutter gefördert werden. Andererseits hält die Politik am Ehegattensplitting und an der kostenlosen Mitversicherung nicht berufstätiger Mütter fest, weswegen sich das Arbeiten für manche Frauen schlichtweg nicht lohnt.

Ob wir wollen oder nicht: Diese alten Rollenzuschreibungen, die impliziten Erwartungen wirken auf uns ein. Und weil wir in einer Leistungsgesellschaft leben, wird auch aus dem Elternsein ganz schnell ein Wettbewerb. Wir müssen nicht nur besser sein als andere. Wir müssen uns selbst übertreffen. »Sei die beste Version deiner selbst!«, ist so ein Motto, das uns erst zum trainierten After-Baby-Body, zu bedürfnisorientierten Supereltern und geradewegs in den Burn-out trimmt. In unserem Alltag wird uns also ständig ins Ohr souffliert, was wir zu tun oder zu lassen haben, um den Erwartungen zu entsprechen.

»Vor zehn Jahren musste man noch vielen Eltern sagen: Achtet mal auf die Bedürfnisse eurer Kinder, die sind wichtig. Heute dagegen beobachte ich viele Eltern, die die Bedürfnisse ihrer Kinder durchaus auf dem Schirm haben, aber ihre eigenen sehr stark zurückstellen und so in einen Perfektionismus rauschen«, erzählt mir die Journalistin und Erziehungsexpertin Nora Imlau im Interview.[5]

Wie wir uns von Erwartungen befreien

Halten wir fest: Es wirken unglaublich viele verschiedene Erwartungen auf uns ein, die schwer auf unseren Schultern lasten. Wir können und sollten die Probleme offen diskutieren und politische Forderungen stellen, um gesellschaftlich etwas zu ändern. Doch allein über Rollenerwartungen zu sprechen, löst nicht unsere Probleme. Wir brauchen auch unsere ganz eigene Exit-Strategie.

Denn es ist gar nicht so leicht, sich von diesen Rollenerwartungen zu befreien. Sie sind subtil, und auch an mir perlen sie nicht einfach ab. Eine Zeit lang habe ich mir in den ganz schlimmen Stressphasen vorgestellt, ich könnte einfach ein viertes Kind bekommen. Das wäre meine Exit-Strategie. Drei Kinder sind ja irgendwie noch normal, vier Kinder aber wären ein Statement! Weil ich dachte: Mit vier Kindern erwartet niemand mehr von mir den großen beruflichen Erfolg oder ein geputztes Haus. Mit vier Kindern wäre es mir erlaubt, vieles nicht mehr zu leisten. Oder eher: Mit vier Kindern würde ich es mir erlauben, nicht mehr so viel leisten zu müssen. Ist das nicht verrückt? Zumal mir natürlich bewusst ist, dass ein weiteres Kind so etwa das Gegenteil von Entspannung bedeuten würde.

Doch manchmal kam es mir eben verführerisch vor, mich so aus der Erwartungsnummer zu ziehen. Vordergründig war ich zwar immer tiefenentspannt, doch auch in mir schlummert eben jemand, der einen riesigen Anspruch an sich hat. Jemand, der all seine vielen Rollen doch ganz gut erfüllen will. Jemand, der ein ums andere Mal das Gefühl hat, nicht genug zu tun, nicht genug zu sein. Der aus lauter Überforderung manchmal noch mehr Kinder in die Welt setzen würde. Und das ist natürlich grober Unfug.

Es gab und gibt aber noch etwas, das ich tief in mir spüre. Und das vermutlich auch andere Eltern kennen: eine große Sehnsucht nach Leichtigkeit. Nach einem Alltag, der sich bewältigbar anfühlt und nach einem Leben, das

Genug Platz fürs Wesentliche

einfach und erfüllt zugleich ist. Ein Leben, in dem — ganz im Sinne des Minimalismus — genug Platz für das Wesentliche ist.

Inzwischen habe ich nicht nur begriffen, woher dieser ständige Druck kommt. Mir gelingt es auch immer mehr, den Druck dort zu lassen, wo er herkommt, im Außen nämlich. Eltern zu werden, Mutter zu sein ist zwar immer noch kein Spaziergang. Aber es ist deutlich leichter und deutlich lustiger, wenn wir uns von unnötigem Ballast befreien. Den Anfang machen wir am besten dort, wo die Last am schwersten wiegt: bei den Erwartungen. Daher kommen nun fünf Schritte, die unser Leben nachhaltig leichter machen können.

Glaubenssätze hinterfragen

Unsere Glaubenssätze sind tiefe Überzeugungen, die wir entweder seit frühester Kindheit in uns tragen, weil sie uns bewusst vermittelt wurden. In der Psychologie spricht man in diesem Zusammenhang auch von Introjektion. Oder wir haben sie aus der Umgebung

---

Vielleicht kommen uns ein paar dieser Glaubenssätze bekannt vor:

- Ich darf keine Fehler machen. Das kriegen wir nie wieder ausgebügelt.
- Als gute Mutter stelle ich meine eigenen Bedürfnisse zurück.
- Gute Eltern schreien nicht.
- Wir müssen unseren Kindern doch etwas bieten können.
- Als gute Mutter kann ich immer spüren, was meine Kinder gerade brauchen.
- Wir sollten uns anstrengen, schließlich sind wir Vorbilder für unsere Kinder.
- Als guter Vater muss ich meine Familie ernähren.
- Wir Eltern sollten uns nicht streiten.
- Stillen ist Liebe.
- ....
- ....
- ....

aufgenommen, in der wir jetzt leben, und die uns implizit verdeutlicht, was man tun oder lassen sollte: Kinder brauchen im Winter eine Mütze, Jungen lieben Autos, Mädchen sind sozialer — solche Vorstellungen können als Glaubenssätze in uns schlummern, ob wir das wollen oder nicht.

Und solche Überzeugungen sind nicht immer per se falsch. Doch sind einige von ihnen in einer Zeit entstanden, in der wir noch anders auf Familie und Kindheit geschaut haben. In der andere gesellschaftliche Regeln galten. Kinder etwa mussten gehorchen, Strafen waren gang und gäbe, Erziehungsmythen wurden gar nicht erst hinterfragt. Heute sind wir erwachsen und haben die Chance, die Dinge zu reflektieren und sie neu zu bewerten. Beim Thema Geschlecht etwa blicken wir deutlich kritischer auf das Rosa-Blau-Schema, fragen, ob Mädchen tatsächlich sozialer sind oder ob wir nicht doch eher bei ihnen die Kooperation und bei Jungen den Wettbewerb fördern. Mit diesem kritischen Blick können wir auch die anderen Überzeugungen in uns überprüfen: Was ist eine gute Mutter, ein guter Vater eigentlich für mich?

Denn genau diese Glaubenssätze spielen eine wichtige Rolle dabei, wie wir uns als Mutter oder Vater sehen und idealtypisch konstruieren. In uns schlummert nämlich schon das Bild einer guten Mutter, eines guten Vaters, lange bevor uns das deutlich zu Bewusstsein kommt.

Auch unser Partner oder unsere Partnerin ist mit solchen oder vielleicht

ganz anderen Glaubenssätzen groß geworden. Darum ist es sinnvoll, sich auch als Paar mit diesem Thema auseinanderzusetzen. Es ist ein bisschen wie mit dem Ausmisten: Wenn wir alles einmal auf einen Haufen werfen, sehen wir erst, wie viel Zeug wir über die gemeinsamen Jahre angesammelt haben. Und wie beim Ausmisten können wir auch bei den alten Glaubenssätzen alles nach und nach aussortieren und nur noch behalten, was uns wirklich wichtig ist.

Inszenierungen erkennen

Gelassenheit ist eine tolle Sache. Im besten Falle gelingt es spätestens nach dieser Lektüre, etwas leichter, ja eben gelassener durch die Welt zu gehen. Doch es gibt einen Haken: Zum Ideal der guten Mutter und des guten Vaters hat sich in den vergangenen Jahren noch ein weiteres gesellt — besonders in Szene gesetzt durch Instagram und Co.: das Ideal der entspannten Eltern.

Die Krux bei der Gelassenheit aber ist, dass diese Haltung von uns kommen, also intrinsisch sein muss. Und das ist leichter gesagt als getan.

Vorsicht vor Toxic Positivity

Darum ist die Verlockung so groß, eine emotionale Abkürzung zu nehmen. Als solche sieht der Journalist und Psychologe Philipp Nagels das Phänomen der Toxic Positivity.[6] Gemeint ist damit der Glaube, sich nur auf die positiven Dinge des Lebens konzentrieren zu müssen, dann werde schon alles gut. Das Gutsein ist nach diesem Prinzip die einzig anzustrebende Lebensmaxime – die dann durch Sprüche wie »Good vibes only« durch die sozialen Netzwerke wabert und aus der am Ende toxische Rollenbilder entstehen.

Denn wir können nicht immer nur gelassen sein. Überforderung, Unglück, Angst, Wut – all diese Emotionen gehören zum Elternsein dazu. Und sie haben ihre Berechtigung, schließlich sind sie wichtige Koordinaten auf unserem Lebensweg. Unsere negativen Gefühle zeigen uns an, dass wir gerade dabei sind, uns zu verlaufen. Und diese Gefühle einfach auszuklammern, schadet uns am Ende sogar. »Je weniger wir uns derartigen Emotionen stellen, desto größer wird der Ballast, den wir anhäufen«, schreibt Psychologe Nagels

---

Psychologin und Familientherapeutin Cornelia Kroes aus Münster gibt Tipps zum Ausmisten der Glaubenssätze:

- Wollen wir alte Glaubenssätze hinterfragen und damit auch unseren eigenen Perfektionismus über Bord werfen, sollten wir uns mit den Überzeugungen unserer eigenen Herkunftsfamilie und der unseres Partners bzw. unserer Partnerin beschäftigen. Dabei können wir auch bis in die Groß- oder sogar Urgroßelterngeneration zurückgehen. Dieses Bewusstmachen hilft, den Knoten von fremden und eigenen Ansprüchen zu entwirren.

- Möchten wir dann damit beginnen, es anders zu machen, müssen wir aufpassen: Schnell glauben wir, die Lösung liege im Bewerten von Lebenssituationen, Abwägen von Rechten, Aufrechnen von Freiheiten und Pflichten und im Vergleichen von sich selbst mit anderen. Oder auch in der Suche nach neuen gesellschaftlichen Idealen und Leitbildern.

- Besser wird man sich selbst gerecht, indem man achtsam in sich hineinhorcht: Was will ich eigentlich? Was schenkt mir Lebensenergie? Was entspricht mir? Was macht wirklich Spaß? Was ist für mich »artgerecht«? Es gilt, auf die eigene innere Stimme zu hören.

- Der nächste, vielleicht noch schwerere Schritt ist, die eigenen Überzeugungen auch ernst zu nehmen – in dem Wissen, dass dafür auch mal ein paar reifende Jahre ins Land gehen können. Aber Achtsamkeit und Gelassenheit können wir üben, etwa mit Achtsamkeitsübungen oder Programmen zur Stressreduktion wie sogenannten MBSR-Kursen. Mit mehr Gelassenheit fügen sich Vorstellung und Wirklichkeit manchmal ganz leicht.

dazu. Die Emotionen werden uns irgendwann einholen. Und sie führen im Zweifel sogar zu großer Einsamkeit, weil wir das Gefühl haben, als einzige gerade keine »good vibes« zu spüren.

Ohnehin kann doch kaum einer mithalten, wenn es um die Inszenierung der Elternschaft geht. Netzwerke wie Instagram können im Kern das sein, was sie versprechen: eine Chance zum Vernetzen. Doch viel mehr fallen wir ihrem Schein zum Opfer. Elternschaft ist inzwischen auch Lifestyle: Erdfarbene Kinderklamotten, aufgeräumte Kinderzimmer, lässige Väter und fröhliche Mütter. Selbst vermeintliche Makel werden in Szene gesetzt. Keine Insta-Mom, die was auf sich hält, ist einfach nur mal zwei Kilo schwerer. Stattdessen wird das Bild von der kleinen Delle in ungünstiger Pose mit dem Hashtag #bodypositivity gelabelt, um auch noch auf den Zug der vermarktungsfähigen Selbstliebe aufspringen zu können. Dabei machen die Likes am Ende nicht einmal die Insta-Mom selbst glücklicher. Wenn der Mutterkörper, das Mutterleben und sogar die Mutterliebe einem bestimmten Drehbuch folgen müssen, ist gar kein Platz mehr für all die Zwischentöne, die das Leben eigentlich erst ausmachen.

Natürlich könnten wir uns des Problems auch entledigen, indem wir unsere Profile bei Instagram, Facebook und Co. einfach löschen. Für mich zum Beispiel käme das aber gar nicht infrage, denn über Social Media halte ich auch meine Kontakte, lese spannende Texte und genieße manchmal auch einfach ein bisschen die Zerstreuung. Trotzdem können wir auch hier von dem Minimalismus-Gedanken profitieren, denn auch in Sachen Social Media gilt: Weniger ist mehr!

Realistische Bilder pflegen

»Es gibt so viele Emotionen, die wir ständig jonglieren, also warum lassen wir die neuesten Influencer mietfrei in unserem Gehirn wohnen?«, fragt Minimalist-Mom und Autorin Diane Boden.[7] Ihr Tipp: Wir sollten unsere »Mieter« besser auswählen! Ihre Empfehlung lautet, nur noch Menschen zu folgen, die ein halbwegs realistisches Bild von Elternschaft vermitteln, die uns im positiven Sinne überraschen und bei denen wir uns nicht ständig unzulänglich fühlen. Also Menschen, die uns irgendwie gut tun. Für alle anderen gilt: entfreunden, entfolgen oder einfach löschen.

Fehler zulassen

Wir kennen wohl alle noch eine weitere Emotion, die zum Elternsein gehört: Scham. Ich zum Beispiel schäme mich dafür, wenn ich vor lauter Stress ungerecht zu meinen Kindern bin. Das ist ein ätzendes Gefühl, und natürlich wäre es im ersten Moment schön, ich könnte zur Wiedergutmachung eine emotionale Abkürzung nehmen. Eis für alle kaufen, zum Beispiel. Aber unser schlechtes Gewissen ist eben unser moralischer Kompass, der uns anzeigt, wann wir vom Weg abkommen. Die Frage ist nur, wie wir dem schlechten Gewissen begegnen. Gehen wir darüber hinweg oder lassen wir uns von ihm lähmen? Oder nehmen wir es als wichtiges Korrektiv, um unsere Route neu zu bestimmen?

Dazu muss uns erst einmal klar sein, dass auch unsere Außenwelt ein Problem mit Fehlern hat – was unsere eigene Fehlerintoleranz verstärkt. Gerade in der perfekt inszenierten Elternwelt, ob digital oder auch ganz analog, finden Fehler scheinbar gar nicht statt. Deswegen wagen wir es kaum, offen über unsere Schwächen zu sprechen. Wir befürchten sogar, öffentlich an den Pranger gestellt zu werden. So hält sich also jeder zurück, und das Gefühl der Unzulänglichkeit im Privaten etabliert sich. Bei uns und bei allen anderen auch. Das macht es aber ungemein schwer, Hilfe zu finden und einen Neustart zu wagen, betont auch Autorin Susanne Mierau.[8] Darum werben Autorinnen wie sie für einen offeneren Umgang mit den eigenen Schwächen. »Wir brauchen dringend eine größere Fehlertoleranz und eine Fehleroffenheit, von der aus es möglich wird, neu zu starten. Denn wir alle machen Fehler, jeden Tag.«[9]

Und wenn wir uns erst einmal trauen, offen über unsere Unzulänglichkeiten und Versagensängste zu sprechen, könnte etwas Ungeheuerliches passieren: Wir könnten bei unserem Gegenüber Erleichterung spüren, ein zaghaftes Nicken sehen, einen Seufzer hören. Weil es den anderen genauso geht wie uns. Weil wir alle gemeinsam in diesem Boot sitzen – und niemand eine Ahnung hat, wie sich dieser Familien-Kahn fehlerfrei durch den Sturm steuern lässt.

Wollen wir unser Leben nachhaltig von Ballast befreien, müssen wir Toleranz und Offenheit anderen gegenüber aufbringen. Sie nicht gleich verurteilen,

weil sie stillen oder nicht stillen, weil sie arbeiten oder nicht, weil sie sich im Ton vergreifen oder mal wieder auf den Handybildschirm statt in den Kinderwagen gucken. Wir müssen die Toleranz aber auch uns selbst gegenüber pflegen – und das ist meist die schwierigere Aufgabe. Weil eben unsere Vorstellungen von einer guten Mutter, einem guten Vater und auch einer guten Kindheit oft ein schweres Pfund sind. Und oft dermaßen idealisiert, dass wir daran eigentlich nur scheitern können, jetzt und für alle Zeiten.

»Eine der größten Herausforderungen des heutigen Elternseins ist es, dass wir permanent auf zwei Zeitschienen unterwegs sind: in der Gegenwart und in der Zukunft«, sagt Erziehungsexpertin Nora Imlau.[10] Und genau so ist es: Wir wollen im Hier und Jetzt all die Rollen erfüllen, die wir uns selbst auferlegen. Wir wollen gute Eltern sein und unser Familienleben genießen. Gleichzeitig sehen wir es als unsere Aufgabe, die Kinder bestmöglich für die Zukunft zu wappnen.

Und diese zwei Zeitschienen sind eben auch ein Grund dafür, warum wir so verkrampft im Umgang mit unseren Fehlern, unseren Unzulänglichkeiten sind. Weil wir glauben: Was wir jetzt vermasseln, wird unser Kind auf ewig ausbaden müssen. Kein Wunder, dass wir dauernd unter Druck stehen, schließlich schleppen wir ja täglich die Last unseres Scheiterns ganzer Jahrzehnte mit uns herum. Vielleicht sogar Jahrhunderte, wenn wir Sorge haben, dass unsere Erziehungsfehler bis in die folgenden Generationen hineinwirken. Wir fürchten also nicht nur, Fehler zu machen, sondern haben Angst, als Eltern zu versagen.

Die Last der zwei Zeitschienen

Natürlich könnten wir jetzt jeden kleinen Fehler als Bestätigung unseres Scheiterns deuten. Besser aber wäre es, Fehler als das zu sehen, was sie sind: zu unserem Leben zugehörig. Trial and error. Nur so geht wahrhaftiges Elternsein. Und das ist es sogar, was Kinder brauchen.

Es liegt ja in ihrer Natur, zu uns Eltern aufzuschauen (zumindest am Anfang, bis sie dann die »Ihr seid ja so peinlich«-Phase erreichen). Was nehmen wir ihnen für eine Last, wenn sie uns in unserer ganzen Fülle erleben dürfen, mit allen Stärken und Schwächen. Wenn sie sehen, dass Familie zu sein immer auch bedeutet, gemeinsam wachsen zu können, einander Fehler zu verzeihen.

Neben der Akzeptanz, dass Fehler zur Vollkommenheit dazugehören, finde ich es auch wichtig, Fehler richtig einzuordnen. Ihnen den emotionalen Stellenwert beizumessen, den sie verdienen und ihnen nur so viel Gewicht zu geben, wie es angemessen ist. Wenn ich solche Ängste in mir aufkommen spüre, hilft es mir, mich zu fragen: Was ist das Schlimmste, das passieren könnte?

Nicht, weil ich glaube, es träfe wirklich ein. Sondern weil es hilft, die Dinge in Relation zu sehen.

Backe ich keinen Kuchen fürs Kindergarten-Buffet, ist das Schlimmste, das mir passieren könnte, wohl ein vorwurfsvoller Blick einer ambitionierten Mutter. Hier wäre mein Fazit: Egal! Gehe ich heute gern mal Eis essen oder versäume wieder einmal den Sport, passe ich vielleicht bald nicht mehr in meine Sommershorts. Egal. Verspreche ich meinem Kind, schwimmen zu gehen, muss aber doch wieder länger arbeiten, ist das aber nicht mehr so egal. Bin ich mega gestresst und schnauze mein Kind deswegen an, ist das auch nicht egal. Und passiert mir das ständig, ist das gar nicht mehr egal! Statt also ständig von der Angst vor Fehlern getrieben zu sein, ist es deutlich sinnvoller, kleine Unzulänglichkeiten mit einem Schulterzucken zu quittieren und sich auf das Wesentliche zu konzentrieren. Wir brauchen eine Egal-Kompetenz![11]

Wenn uns dann doch gröbere Schnitzer unterlaufen, können wir lernen, damit richtig umzugehen. Sind wir ungerecht zu unseren Kindern, lässt sich das richten, indem wir in Beziehung gehen. Indem wir unsere Gefühle und die unserer Kinder ernst nehmen — und uns entschuldigen. Denn das ermöglicht uns, aktiv nach Lösungen zu suchen, statt uns von unserem schlechten Gewissen lähmen zu lassen. Und wir werden sehen: Es ist dieser gütige Blick auf uns und unsere Fehlbarkeit, von dem am Ende die ganze Familie profitiert.

Mehr Gegenwart wagen

Es gibt gute Gründe, sich von der Sorge zu verabschieden, die eigenen Unzulänglichkeiten könnten bis in alle Ewigkeit nachwirken. Etwa weil Kinder im Leben wichtigere Dinge brauchen als fehlerlose Erwachsene (siehe Kapitel 3). Und weil wir ohnehin nicht wissen, was die Zukunft bringt, auf die wir unsere Kinder vorbereiten wollen.

Wir wissen nicht, ob sie möglichst schnell Programmieren, Chinesisch oder doch lieber Violine spielen lernen sollten. Wir wissen nicht, welchen Herausforderungen sie gegenüberstehen werden, wen sie lieben und wo sie leben wollen. Was wir aber wissen ist, dass ein stressiges Leben und ständige Überforderung Auswirkungen auf das Wohlbefinden hat — und dass dieser Stress noch lange nachwirken kann (siehe Kapitel 4).

Wir brauchen Egal-Kompetenz.

Und trotzdem begeben wir uns jeden Tag aufs Neue ins Hamsterrad. Obwohl wir längst eine Ahnung davon haben, dass das auf Dauer so nicht gut gehen kann, laufen wir weiter. Wir hetzen durch den Tag, stopfen ihn voll mit Terminen, Aufgaben und Förderungen und sehen dabei das Leben, von dem wir immer geträumt haben, an uns vorüberziehen.

Weniger Erwartungen, mehr Gelassenheit

In besonders hektischen Phasen überkommt mich manchmal eine große Wehmut. Dann wünsche ich mir, ich könnte die Kindheit meiner Töchter in Schraubgläser packen. Für später konservieren, wenn ich wieder mehr Zeit habe. Wenn der Job erledigt, die Abendtermine abgefeiert, die Pläne gemacht sind oder ein bestimmter Entwicklungsschritt der Kinder abgeschlossen ist. Dann würde ich auch mehr Geduld aufbringen fürs Memoryspielen, würde mehr Zeit mit den Kindern im Park verbringen und ihre Zimmer endlich so einrichten, wie die Mädchen es sich wünschen. Genauso wie ich dann mehr Sport treiben und häufiger mit meinem Mann ausgehen würde.

Auch das ist natürlich Unfug. Während wir auf später warten, passiert hier nämlich etwas ganz Großartiges: Es passiert Familie. Das ist nicht immer nur schön, nicht immer nur beschaulich. Manchmal ist es laut und wild und anstrengend. Doch Familie bedeutet auch, eine Fülle an kleinen, wunderbaren Momenten zu erleben. Und genau die verpassen wir, wenn wir uns den Alltag vollstopfen — ausgerechnet aus lauter Angst, etwas zu verpassen.

Dabei können wir auch hier aus dem Minimalismus lernen. Wenn wir uns klarmachen, dass wir weder die Vergangenheit konservieren, noch eine bessere Zukunft planen können. »Nur die Gegenwart lässt sich erleben«, sagt Minimalist Fumio Sasaki. Tatsächlich werden wir nichts so intensiv fühlen wie genau diesen Moment. Alles andere verblasst oder bleibt vage.

Daher finde ich, sollten wir das mit der Leichtigkeit nicht länger auf eine unbestimmte Zukunft verschieben. Wir dürfen uns schon jetzt erlauben, Erwartungen unerfüllt, Jobs unerledigt und Kinder auch mal ungewaschen zu lassen. Wir können jetzt den Raum für das Wesentliche schaffen. Das gute Leben, es kann schon heute beginnen.

Werden, wer wir sein wollen

Als ich an diesem einen Nachmittag vor vielen Jahren heulend mit meiner Baby-Tochter im Flur saß, kam meine Mutter zufällig bei mir vorbei. Ich schüttete ihr

Nur die Gegenwart erleben wir.

mein Herz aus über all die Sorgen, die ich hatte, die Versagensängste. Gefühle, die natürlich auch sie kannte. Jede Generation hat ihre *gute Mutter*. Entsprechende Fragen rattern eben vielen durch den Kopf: Was, wenn ich versage? Wenn ich nicht die bin, die ich für meine Tochter sein sollte?

Tatsächlich fragte mich meine Mutter: »Was ist das wohl, das dein Kind gerade am dringendsten braucht?« Als hätte sie geahnt, dass zwölf Jahre später ein ganzes Buch über diese Frage entstehen würde ... In unserem Gespräch wurde mir schnell klar, wie die Antworten darauf lauteten: Schutz, Nahrung, Geborgenheit. Das war es, was mein Kind gerade brauchte. Nicht mehr und nicht weniger. Alles andere würden mein Kind und ich im Laufe der Zeit irgendwie lernen. Inzwischen habe ich verstanden, dass wir nicht immer alle Antworten kennen müssen. Was wir aber brauchen, ist ein ganz grundsätzliches Verständnis dafür, welche Normen und Werte uns wichtig sind. Damit wir nicht bei jedem kleinsten Wind ins Wanken geraten und eine ungefähre Vorstellung davon haben, wohin unsere Reise gehen soll. Wir brauchen einen Kompass, damit wir nicht vom Weg abkommen. Damit wir ankommen und bleiben können in dem, was wir das gute Leben nennen.

Dafür müssen wir uns die Deutungshoheit darüber, was ein gutes Leben ist, zurückerobern. Wir müssen unser ganz eigenes Familienbild entwerfen. Selbst entscheiden, was für uns wesentlich ist und was nur eine Randnotiz sein sollte. Dann haben wir es selbst in der Hand, wofür wir Zeit aufwenden, worum unsere Gedanken kreisen und wem und was wir uns verbunden und verpflichtet fühlen.

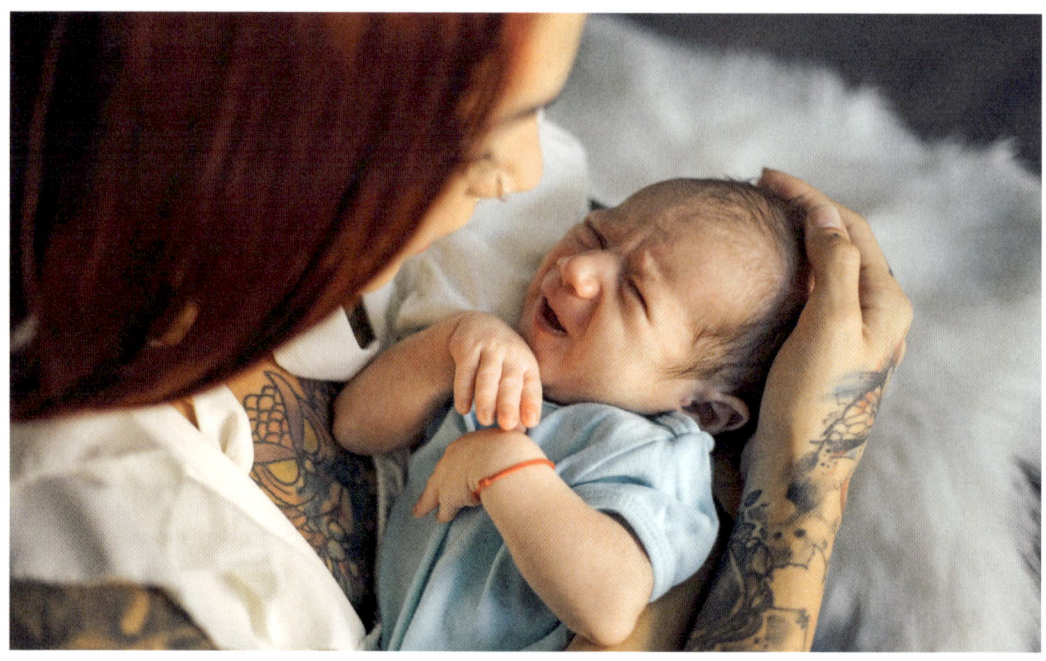

Wie leicht könnte das Leben sein, wenn wir nur noch den bedeutenden Menschen und Dingen in unserem Leben Platz einräumen würden. Wenn wir uns erlauben würden, auch mal keine Leistung zu erbringen, sogar einfach faul zu sein. Wenn wir die Erwartungen an uns zwar spüren, sie aber mit einem Schulterzucken ignorieren würden. Wenn wir uns damit begnügen würden, als Mutter und Vater einfach nur okay zu sein. Wie einfach könnte es sein, wenn wir auf unsere Fehler schauen und uns in Gedanken ein Lächeln schenken würden. Weil wir wissen, dass wir in guter Absicht handeln und alle anderen genauso an ihren Ansprüchen scheitern.

So wie wir mehr Leichtigkeit brauchen, benötigen wir auch ein starkes Fundament. Wir brauchen Erdung, Bodenhaftung, damit die Leichtigkeit uns nicht davonträgt. Unsere Schwere wird nicht ganz verschwinden, sie gehört zur Vollkommenheit unseres Lebens dazu. Wir werden weiterhin traurig, müde, überfordert und grenzenlos erschöpft sein. Konzentrieren wir uns jedoch auf das Wesentliche, wird das Grundrauschen ein anderes werden. Statt Überforderung wird uns ein neues Gefühl durch den Alltag tragen. Denn uns wird bewusst, dass wir unser Leben aktiv gestalten können, statt ihm ausgeliefert zu sein. Weil wir endlich die sind, die wir sein sollten: die Architekten unseres Familienlebens, wie Autor Birk Grüling schreibt.

> *Wir sind die Architekten unseres Lebens.*

In den vergangenen 13 Jahren war ich immer wieder mal an einem Punkt, an dem es mich innerlich schier zerriss. Weil ich mich so sehr anstrengte, allen gerecht zu werden. Weil ich mir so viel Mühe gab, alles gut hinzukriegen. Und weil ich doch nie Schritt halten konnte. Manchmal hatte ich in diesen Momenten das Glück, mich an das Gespräch mit meiner Mutter zu erinnern. »Denk daran: Dich gibt es nur ein einziges Mal auf dieser Welt!«, hatte sie damals gesagt. »Unsere Aufgabe als Mensch ist es nicht, es so zu machen wie alle anderen. Im Gegenteil: Unsere Aufgabe ist es, uns zu unterscheiden!«

Das anzunehmen und zu verinnerlichen ist ein Prozess, der noch immer in mir arbeitet. Aber ich bin davon überzeugt, dass hier die größte Chance für ein leichteres Leben liegt. Weil es uns erlaubt, das Außen mit seinen Erwartungen und Ansprüchen an uns zurückzudrängen und unseren Blick nach innen zu richten. Am Ende ist es nur ein Buchstabe, auf den es ankommt und der den Unterschied macht. Statt uns zu fragen, was für Eltern wir sein SOLLEN, müssen wir uns die viel wichtigere Frage stellen: Was für Eltern WOLLEN wir sein?

2. LEBEN
Weniger Ballast, mehr Leichtigkeit

Leben

Weniger Ballast, mehr Leichtigkeit

Kein Wunder, dass sich unser Familienleben oft so schwer anfühlt. Denn jedes unserer Besitztümer ist auf eine bestimmte Art mit uns verbunden. Es hängt an uns, es belastet uns – im wahrsten Sinne des Wortes. Zu lernen, mit dem Überfluss umzugehen, hilft Eltern und Kindern gleichermaßen. Denn es gibt sie, diese Welt, in der Kinderzimmer in fünf Minuten aufgeräumt sind. Versprochen.

Irgendwann im Laufe einer Schwangerschaft, vielleicht auch mit den ersten Schritten des Kindes oder den ersten Metern auf dem Wutsch kommt die große Frage auf: Wie wollen wir wohnen? Mit den Kindern ändert sich der Blick auf unsere Bedürfnisse. Vielleicht fühlen wir uns auf einmal gar nicht mehr so wohl in den Abgaswolken einer Großstadt. Oder verspüren umgekehrt Einsamkeit beim Spaziergang über den leer gefegten Marktplatz im Dorf. Wie schön wäre jetzt ein Treffen im Babycafé mit Freundinnen und ihren Kindern! Vielleicht ist auch die Wohnung zu klein, wird ein Kinderzimmer benötigt, wünscht man sich einen Garten, mehr Einkaufsmöglichkeiten, Naturnähe oder bessere Schulen. Ganz schön viele Fragen, die sich jetzt stellen …

Welche Antworten wir darauf finden, hat nicht nur etwas mit unseren Vorlieben zu tun. Geld, Jobs, verfügbarer Wohnraum, Familienstrukturen — all das setzt unseren Möglichkeiten Grenzen. Allzu oft vor allem die Frage des Budgets. Und angesichts steigender Immobilienpreise geht es bei dieser Frage längst nicht mehr darum, ob Eigenheim oder nicht. Oft wissen wir nicht einmal mehr, ob wir die Miete der Dreizimmerwohnung in unserem Kiez noch aufbringen können.

Auch unsere Jobs spielen eine Rolle. Nicht jeder Beruf kann man im Homeoffice ausüben. Auf einer Hallig leben, aber in Hamburg arbeiten? Wird schwierig! Aber, auch das hat uns die Coronakrise gezeigt: Viele Jobs können durchaus am Laptop erledigt werden. Wo der steht, ist unsere Sache. Dank Corona ist Homeoffice selbstverständlicher geworden. Das wiederum kann uns ein Stück Wahlfreiheit zurückgeben.

> »Wie viele Dinge es doch gibt, die ich nicht brauche.«

Sokrates

Wo wir leben, muss nicht mehr maßgeblich vom Job bestimmt werden. Meistens jedenfalls. Also fragen wir noch mal neu: Was brauchen wir wirklich für ein gutes Familienleben?

Wie viel Stadt, wie viel Land brauchen wir?

Laut einer repräsentativen Umfrage für die Sendung ZDFzeit glauben 78 Prozent der Deutschen, dass Kinder auf dem Land besser aufwachsen. Nur zehn Prozent entscheiden sich für die Stadt als den besseren Ort — für Kinder. Die Stadt gilt als Risikofaktor fürs Wohlbefinden: Lärm, Enge, sozialer Stress. Die Nähe zur Natur schützt uns dagegen vor Stress, sie heilt die Seele. Nicht ohne Grund ist Shinrin Yoku, das Waldbaden, zum Trend der vergangenen Jahre avanciert.

Also klar: Eine Kindheit zwischen Häuserschluchten ohne irgendein grünes Fleckchen in der Nähe ist nicht unbedingt das, was wir unseren Kindern wünschen. Gleichzeitig leben Stadtbewohner unter durchaus günstigen Bedingungen, wenn es um Möglichkeiten der Bildung und persönlichen Entfaltung, Gesundheitsversorgung und kulturellen Vielfalt geht, betont Psychiater und Stressforscher Mazda Adli in seiner Studie zur Wirkung des Stadtlebens auf die psychische Gesundheit.[1]

Und das Leben auf dem Dorf sei eben nicht automatisch idyllisch: Auch hier werde dichter gebaut, die Straßen werden breiter geplant. Nicht immer sind Kindern bessere Spielmöglichkeiten geboten. Land ist eben nicht gleich

Land und Stadt ist nicht gleich Stadt. Auch Wohnsoziologin Ulrike Scherzer sagt im Interview mit ELTERN family: »In einem lebendigen, kleinräumigen Stadtviertel mit verkehrsberuhigten Zonen und vielen Grünflächen wachsen Kinder super auf.«[2]

 Großstadtleben: »Hier fühlen wir uns wohl – und sicher.«
Nora (35) lebt mit Mann und drei Kindern (zwischen 4 und 7 Jahren) in Berlin. Die Großstadt, sie sei ein Abbild der Gesellschaft – und für ihre afrodeutsche Familie ein guter Ort zum Leben.

»Berlin ist unsere Wahlheimat. Zwar könnte ich auch gut in einer anderen größeren Stadt leben, aber aufs Land würden wir nicht ziehen. Dank der Vielfalt in einer Großstadt können wir hier weitestgehend sein, wie wir sind. Mein Mann ist Schwarz und als afro-deutsche Familie gibt es für uns eben doch nicht so viele Optionen, um gut zu wohnen. Und damit meine ich vor allem Orte, an denen wir uns sicher fühlen.

Meine Kinder sind aufgrund ihrer Hautfarbe sicherlich auch hier potentiellen Rassismus-Erfahrungen ausgesetzt, trotzdem fühlen wir uns hier deutlich freier in dem, was wir tun. In Berlin gibt es auf jeden Fall ein ausgewogeneres Abbild der Gesellschaft, das empfinde ich als großen Benefit für meine Kinder. Die Kinder finden hier viel mehr Identifikationsmöglichkeiten, als sie es in einer deutschen Kleinstadt mit fast nur weißen Menschen tun würden.

Wir haben hier auch eine große Gemeinschaft mit Freunden und anderen afro-deutschen Familien. Ich sehe auch große Vorteile in der Vielfalt der kulturellen Angebote. Angefangen vom Straßenmusiker an der Ecke bis hin zu den verschiedensten Theaterbühnen und Kindermuseen, über die wir uns freuen.

Natürlich denke ich manchmal: Puh, vierter Stock, Altbau, Straße vor der Tür – das stresst.. Dafür haben wir aber bewusst Kita und Schülerladen mit großem Außengelände gewählt. Und der Park ist schließlich auch nicht weit. Damit haben wir für uns alles, was uns wichtig ist, vereint.«

 Auf dem Land: »Eine größere Freiheit kann ich mir nicht vorstellen.«
Kai (42) ist fest verwurzelt in dem Ort, an dem er mit seiner Frau Vera und ihren vier Kindern (zwischen 5 und 13 Jahren) lebt. Kein Wunder, schließlich pflügt er die Böden in dem kleinen Örtchen namens Wetter. Gemeinsam mit zwei weiteren Familien betreiben Kai und Vera hier einen Demeter-Hof. Sechs Erwachsene, 13 Kinder und jede Menge Natur. Ein bisschen Bullerbü – und das mitten in Nordrhein-Westfalen (hof-sackern.de).

»Wir haben früher in der Stadt gewohnt, wollten aber schon lange für uns und auch für unsere Kinder etwas anderes. Hier sind wir Bauern, produzieren unser Essen weitgehend selbst und leben mit dem Kreislauf der Natur. So können wir uns fernab der gesellschaftlichen Normen bewegen und

das empfinde ich als große Freiheit — obwohl wir beide Vollzeit arbeiten.

Und unsere Kinder, ja, die sind wohl die freiesten Kinder, die ich kenne. Manchmal sehe ich sie den ganzen Tag nicht, weil sie einfach draußen sind. Sie spielen im Schlamm, sie spielen im Wasser. Hier gibt es nicht einmal Zäune, die sie begrenzen. Die Kinder wachsen in und mit der Natur auf. Das schärft natürlich auch ihr Bewusstsein dafür, wie wir mit der Umwelt, mit dem Gemüse, das wir anbauen, und mit den Tieren, die wir hier halten, umgehen. Diese Verbindung zur Natur, sie gibt diesem ganzen Leben einen Sinn.

Keine Zäune heißt natürlich nicht, dass es keine Grenzen gibt. Das Zentrale in unserem Leben ist die Gemeinschaft. Die Kinder lernen früh, wie wichtig es ist, Kompromisse zu finden. Ich sehe das als große Chance, an so einer Gemeinschaft zu wachsen.«

Mehr Natur, weniger Stadt? So einfach ist die Rechnung also nicht. Was Familien wirklich brauchen, hängt auch entscheidend davon ab, was für Menschen zu diesen Familien gehören. Und dazu zählen die Kinder und die Erwachsenen. Was ist ein gutes Leben für uns, für unsere Familie?

Vielleicht hatten wir mal ein Bild von uns vor Augen, wie wir später durch die urbanen Viertel dieser Welt spazieren und die anderen lässigen Eltern am Kiez-Spielplatz treffen. Alles bitte, bloß nicht spießig! Oder wir sahen uns noch in der späten Abendsonne mit den Händen in der Erde graben, während die Kinder durch den wilden Garten tollen. Nur so geht Freiheit!

Das Problem mit diesen Bildern ist: Sie haben von Natur aus Konturen, die uns beschneiden. Sie engen uns ein, weil sie keinen Raum für weitere Möglichkeiten lassen. Und sie bieten wenig Raum für das, was es tatsächlich auch noch gibt: die Schattenseiten. Denn auch in Bullerbü herrschte nicht immer nur eitel Sonnenschein.

Kinder, aber auch wir Erwachsenen, haben ein Bedürfnis danach, uns zu verwurzeln, zu beheimaten. Für dieses Gefühl brauchen wir kein idealisiertes Bild. Wir brauchen einen Ort, der uns möglich macht, als Familie gut zu leben. Jetzt und in naher Zukunft.

Trotzdem tun wir uns manchmal schwer damit, eine Entscheidung zu treffen. Denn das bedeutet auch, uns festzulegen — und damit andere Optionen erst einmal auf Eis zu legen.

Keine Probleme der Zukunft wälzen

Ein Umstand, der uns Millennials besonders widerstrebt. Sind wir nicht die mobile Generation, mit Auslandsaufenthalten und Weltreisen und grenzenloser Freiheit? Für die Familie plötzlich einen Wohnort für die nächsten Jahre, wenn nicht gar Jahrzehnte festzulegen – das kann dem einen oder der anderen von uns ganz schön Angst einjagen.

Dabei hilft es, sich zwei Dinge klarzumachen: Erstens suchen wir uns einen Ort aus, der jetzt und in naher Zukunft der richtige für uns ist. Es ist gut zu wissen, dass es in der Nähe Schulen gibt oder noch andere Kinder, die in drei, vier Jahren Spielfreunde werden könnten. Doch Leben ist Veränderung – wir haben keine Garantie dafür, dass die Schule gut ist, die Kinder gute Freunde finden werden. Oder dass wir in fünf oder zehn Jahren hier noch wohnen wollen. Erlauben wir uns, uns mit der Gegenwart zu verwurzeln, wiegen die Sorgen um die Zukunft gleich viel weniger schwer.

Zweitens bedeutet sich festzulegen, und sei es nur für die kommenden fünf Jahre, auch zu akzeptieren, dass es Grenzen gibt. Diese Erkenntnis ist manchmal schmerzhaft (wollten wir nicht mit den Kindern noch ein Jahr um die Welt reisen?), fürs Leben aber sehr bedeutsam.

Nur wenn wir Grenzen spüren, sind wir gezwungen, Prioritäten zu setzen – und nur dann räumen wir den Dingen Platz in unserem Leben ein, die uns wirklich wichtig sind. Und darum geht es doch bei diesem ganzen »Weniger ist mehr«-Gedanken.

Wir brauchen also einen Ort, der jetzt und in naher Zukunft unsere Grundbedürfnisse erfüllt: Sicher sollte er sein, den Kindern eine Chance geben sich zu bewegen, zu entfalten, die Welt zu entdecken und sich mit ihr zu verbinden. Es sollte ein Ort sein, der auch uns Eltern das gibt, was wir brauchen. Deswegen schieben wir mal alle Ängste und alle Bullerbü-Geschichten beiseite und fragen uns:

Tipp:
Was ist uns als Familie wirklich wichtig?

- Supermarkt in der Nähe
- Viel Ruhe
- Saubere Luft
- Gute Schulen, Kitas
- Austausch mit anderen
- Gleichgesinnte
- Wald
- Wasser, Seen etc. zum Baden
- Viel Platz für alle
- Sichere Umgebung
- andere Kinder
- ….
- ….

Weniger Ballast, mehr Leichtigkeit

Wie viel Platz brauchen wir zum Leben?

Das Eigenheim — angeblich der Traum der Deutschen. Tatsächlich besitzen immer weniger Deutsche eigene Immobilien, inzwischen sogar weniger als die Hälfte. Ökologisch sind Neubausiedlungen voller Einfamilienhäuser ohnehin nicht. Trotzdem ist die Wohnfläche pro Kopf in Deutschland in den vergangenen Jahren gestiegen.

Wie viel Platz wir tatsächlich haben, ist oft eine Sache der Umstände. Wer gezwungenermaßen mit Kindern auf kleiner Fläche leben muss, dem kommt dieser Minimalismus-Gedanke vermutlich ziemlich vermessen vor. Und es ist ja auch so: Die Entscheidung für einen anderen Lebensstil muss man sich erst einmal leisten können. Alle folgenden Tipps setzen ein Mindestmaß an Wahlfreiheit voraus. Wer Hilfe vom Amt bezieht, für den gelten schon Wohnflächen von über 50 Quadratmetern als Luxus. Also von Amts wegen, nicht, weil es tatsächlicher Luxus ist.

Bislang ist es meistens so: Wer viel Geld hat, investiert gern in viel Raum. Große Einfamilienhäuser oder Altbauwohnungen, für jedes Kind ein Zimmer. Manchmal sogar ein Zimmer für die Kleidung (spätestens hier steigen die meisten Alleinerziehenden und Eltern mehrerer Kinder schon beim Lesen aus). Viele kommen aber auch mit deutlich weniger zurecht. Die Tiny-House-Bewegung ist längst in Deutschland angekommen. Immer mehr Familien bauen kleine, minimalistisch gehaltene Häuschen, statt in teure Altbauwohnungen zu investieren.

Ohnehin müssen Städter mit weniger Platz zurechtkommen. In Kopenhagen etwa leben Familien auch nicht nur in Sechs-Zimmer-Altbau-Wohnungen auf 140 Quadratmetern. Und trotzdem sind die Dänen weltweit stets Spitzenreiter in Sachen Lebensglück. Mehr Platz macht uns nicht automatisch zufriedener — und wenig Platz macht uns nicht gleich unglücklich. Ich habe unter anderem mit Wohnpsychologin Antje Flade gesprochen. Sie sagt, wir sollten uns beim Konzipieren von Wohnflächen vor allem

Platz da! So viel Raum gibt's durchschnittlich in Deutschland:

- Familien mit Kindern leben auf 121,7 Quadratmetern.
- Alleinerziehende auf 84,4 Quadratmetern
- Das Amtsgericht München sagt: Jedem Erwachsenen steht ein Raum von mindestens 12 Quadratmetern zu.
- 2 Quadratmeter pro Kind veranschlagt der Freistaat Bayern für Krippenkinder.
- 14 Quadratmeter groß ist das durchschnittliche Kinderzimmer.

fragen, wofür wir den Raum überhaupt brauchen. Wollen wir viele Bewegungsfreiräume? Oder geht es uns um Funktionalität?

Noch immer werden die meisten Familienwohnungen und Häuser so konzipiert: großes Elternschlafzimmer, zwei Kinderzimmer, Wohnen, Küche, Bad. Mit den tatsächlichen Bedürfnissen von Familien hat das aber nicht unbedingt etwas zu tun. Schon allein deshalb, weil Familie heute eben nicht mehr Vater, Mutter, Kind sein muss. Alleinerziehende mit Kind zum Beispiel ist die Familienform, die heutzutage am deutlichsten zunimmt. Auch ziehen die Menschen häufiger um, aus Kindern werden Jugendliche. Kurzum: Die Bedürfnisse sind nicht nur von Familie zu Familie unterschiedlich, sie ändern sich auch im Laufe des Lebens. Wohnsoziologin Scherzer empfiehlt daher weniger starre Strukturen beim Planen und mehr Flexibilität beim Grundriss, etwa durch verschiebbare Türen.

Für Minimalist und Buchautor Fumio Sasaki war die Sache klar: Er hat sich aufs Nötigste beschränkt, es ging ihm nur noch um Funktionalität. Der Umzug in seine 20-Quadratmeter-Wohnung dauerte keine zwei Stunden. Nicht einmal einen Karton brauchte er dafür. Seine Wohnfläche will er irgendwann noch einmal fast halbieren: auf 12 Quadratmeter, ein Umzug von 20 Minuten. Das ist sein Traum.

Viel mehr Platz hat auch Oona Böken nicht. Der Unterschied: Sie wohnt nicht allein ganz minimalistisch, sondern mit ihren beiden Kindern. Während meiner Recherche bin ich auf eine Reportage über ihr Familienleben gestoßen und habe Oona kurzerhand angerufen. Ich wollte es wissen: Kann man auf so wenig Platz wirklich glücklich werden?

Als Oona sich vor vielen Jahren von ihrem Mann trennte, kratzte sie ihr Geld zusammen und kaufte einen alten Jahrmarktwagen. Der steht auf einer Weide. Inzwischen ist ein zweiter Wagen hinzugekommen, erzählt sie mir während eines Telefonats. Er beherbergt die beiden Jugendzimmer, denn Oonas Kinder sind schon länger nicht mehr klein. In Oonas Wagen aber schlafen sie immer noch gemeinsam, hier essen sie, hier ver-

Flexibel planen

bringen sie die meiste Zeit. Oona geht es wie dem Bestseller-Autoren Sasaki: Sie fühlt sich frei. Frei vom Ballast der unnötigen Dinge. Die Freiheit öffnet ihr den Blick zu sich und den eigenen, wahren Bedürfnissen — und zu ihren Sehnsüchten. Eine Tür zum Abschließen, ein paar Quadratmeter eigener Raum, das ist es, was Oona gern haben wollte. Doch erst durch den Verzicht auf vieles hat sie ein Bewusstsein dafür entwickelt, was ihr wirklich wichtig ist.

Natürlich kann und will sich nicht jeder mit so wenig Raum begnügen. Aber Hand aufs Herz: Wie viel Fläche unserer Wohnung, unseres Hauses nutzen wir wirklich? Also zum Leben, nicht zum Verstauen. Forschende der UCLA haben untersucht, wo sich Familien zu Hause die meiste Zeit aufhalten. Das Ergebnis: In der Küche, am Tisch, auf dem Sofa vor dem Fernseher. Den größten Teil unserer Wohnfläche nutzen, oder besser verschwenden, wir als Abstellfläche für Zeug, für nicht benötigtes Gerümpel.

Ein Keller, eine Vorratskammer, ein Dachboden — wie praktisch, denken wir im ersten Moment. Doch rechnen wir mal nach, wie viel uns diese Abstellfläche monatlich kostet! IKEA ist auch deshalb so erfolgreich geworden, weil seine Möbelstücke in stapelbaren Kartons platzsparend verpackt werden und so deutlich Lagerkosten eingespart werden konnten. Damals eine absolute Innovation. Warum glauben wir noch gleich, dass wir die großen Kellerräume wirklich brauchen? Wohl um Dinge zu lagern, von denen wir seit Jahren nicht mehr wissen, dass wir sie besitzen. Minimalist Sasaki schlägt uns einen ganz neuen Gedanken vor: Sehen wir Geschäfte doch einfach als unsere Lagerhallen. Dort ist alles, was wir brauchen, zum Greifen nah. Und das Beste daran: Wir zahlen nur für das, was wir wirklich benutzen.

Wie viel Platz brauchen Kinder?

Das Kinderzimmer ist im ersten Lebensjahr der wohl am wenigsten genutzte Raum einer Wohnung. Auch wenn laut Umfrage des Kinderpsychologen Stephan Valentin knapp 70 Prozent der Babys im eigenen Zimmer schlafen,[3] so passiert in diesem Raum, sofern es ihn überhaupt gibt, den restlichen Tag über nicht viel. Das Baby ist schließlich da, wo auch die Eltern sind. Das ändert sich auch in den kommenden Jahren nicht. Auch Dreijährige sind emotional noch sehr gebunden und halten sich dort auf, wo die Erwachsenen sind. Kleine Kinder brauchen also kein eigenes Zimmer.

Dafür brauchen sie aber Räume, in denen sie sich aufhalten und bewegen können. Statt viel Energie in ein hübsch eingerichtetes Baby- und Kleinkindzimmer zu investieren, hilft es Familien meist mehr, die Wohnung kindersicher zu machen. Die Zeiten für teure Möbelstücke und Designer-Dinge werden noch kommen — sofern wir das überhaupt wollen. Mit kleinen Kindern lebt es sich deutlich leichter, wenn uns ein Kratzer gar nicht so sehr kratzt. Unseren Wohnzimmertisch hat meine Mutter vor über 20 Jahren in einem schwedischen Möbelhaus gekauft. Heute ist er mit Wasserfarben durchtränkt, aber noch immer so stabil, dass die Kinder wunderbar vom Tisch aus aufs Sofa springen können. Das hat für uns deutlich mehr Gewinn als ein Instagram-taugliches Wohnzimmer.

Erst mit etwa vier Jahren fangen die Kinder langsam an, sich auch mal in ihr Zimmer zurückzuziehen, viele auch erst deutlich später. Dann wird das eigene Zimmer mehr und mehr Funktionsraum: zum Schlafen, Basteln, Spielen, irgendwann auch zum Hausaufgaben machen. Hilfreich ist es, wenn das Kinderzimmer einen so flexiblen Grundriss hat, dass es leicht an die wechselnden Bedürfnisse des Kindes angepasst werden kann. Solange die Kinder klein sind, können sie sich auch gut ein Zimmer teilen, sagt Wohnpsychologin Antje Flade. Ab dem Grundschulalter steige aber das Bedürfnis nach Privatsphäre. Dann ist es so: Lieber weniger Platz, dafür eine abschließbare Tür. Bis dahin aber ist das Kinderzimmer vor allem ein Abstellplatz für Spielsachen. Und auch hier gilt: Weniger ist mehr!

Räume für Kinder schaffen.

Das viele Zeug:
Was davon brauchen wir wirklich?

Die Geburt eines Kindes ändert alles. Wird ein Kind geboren, werden alle Menschen drumherum und irgendwann auch das Kind selbst zu einer ganz neuen, sehr attraktiven Gruppe: zu Konsumenten nämlich. Und das ist nicht einmal eine Frage des Budgets. Das beste Beispiel ist die Quengelware an der Kasse. Sie ist spottbillig und schreit: Kauf mich! Das Kind schreit: Kauf das! Irgendwann schreien alle mit. Schon in der Schwangerschaft bekommen junge Eltern dutzende Werbeangebote für vermeintlich wichtige Baby-Produkte, die sie schon vor der Geburt zu Hause haben sollten. Natürlich gehören auch Oma und Opa, Tante und Onkel, die beste Freundin, der Patenonkel und alle anderen im Umfeld des werdenden Kindes in die Konsumentengruppe. Familie ist ein Wahnsinnswirtschaftsfaktor.

Noch nie ging es Familien in Deutschland wirtschaftlich so gut wie heute. Die Mehrheit der Deutschen schätzt die eigene finanzielle Lage als gut oder sehr gut ein.[4] Dazu zählen gewiss nicht alle: Armut ist ein wichtiges Thema. Die Tatsache, dass viele Menschen hierzulande ihren Kindern fast jeden Wunsch erfüllen können, grenzt jene, die kaum Geld zum Überleben haben, noch weiter aus. Dabei scheinen wir mit unserem Wohlstand gar nicht so recht umgehen zu können, sonst würden wir wohl kaum täglich Tonnen an Lebensmitteln in den Müll befördern oder Kleidungsstücke kaufen, die wir nie tragen werden. Und in den Garagen gäbe es nicht mehr Kinderfahrzeuge als Kinder in der Familie.

Unsere Kinder wachsen in einer Welt des Überflusses auf. Ich glaube daher, eines der größten Geschenke, die wir unseren Kindern machen können, ist, ihnen zu zeigen, was Genügsamkeit bedeutet. Damit sie lernen, Maß zu halten. Wir selbst spüren doch schon, wie all die Dinge uns belasten, die sich in unserem Zuhause stapeln. Wie mag es dann erst unseren Kindern gehen, die damit aufwachsen?

Die Frage ist ja: Warum glauben wir überhaupt, so viel Zeug kaufen und besitzen zu müssen? Selten, weil wir es tatsächlich brauchen. Meistens eher, weil wir denken, das könnte uns glücklich machen. Die neue Vase, das nächste Buch, der neue Fernseher. Im ersten Moment sorgt unser Gehirn tatsächlich für ein Glücksgefühl. Neurophysiologisch geht die Post ab, wenn uns der Paketbote die neuen Schuhe liefert. Nur ist das Ganze

Jedes Teil hat eine Last.

eben wenig nachhaltig. Weder die Sache selbst, noch unser Gefühlszustand.

Konsum kann uns sogar unglücklich machen. Denn jedes Teil hat ein Gewicht. Das lastet auf uns — völlig unabhängig davon, ob wir es gekauft oder geerbt haben, ob es einmal ein Geschenk gewesen ist, ob wir es mögen oder nicht. »Jedes Teil, das wir besitzen, ist mit einem Bindfaden mit uns verbunden«, sagt Psychologin Friederike Gerstenberg.[5] »Jedes Teil zieht an uns. Jedes Teil sagt uns etwas. Etwas wie ›Ich erfreue dich‹ oder ›Wann benutzt Du mich endlich mal wieder?‹ oder ›Mich fandest Du eigentlich nur im Laden schön‹. Je mehr Verbindungen wir haben, desto schwieriger ist es, die stummen Botschaften zu ignorieren. Das nennt man in der Psychologie ›Mental Load‹. Je mehr mentale Belastung, desto weniger wohl fühle ich mich in meiner Haut und in meinem Kopf.« Mehr Dinge, mehr Botschaften. Und ehe wir uns versehen, wird daraus ein ganzer Chor. Ein Krempel-Chor.

Weniger konsumieren

Je mehr wir glauben kaufen zu müssen, je mehr wir besitzen, desto anstrengender ist es auch, eine Auswahl zu treffen. Wir werden entscheidungsmüde (siehe auch Kapitel 4). Und wenn es eines gibt, das junge Eltern nicht brauchen, dann ist es noch mehr Ballast. Noch mehr Dinge, die schwer auf unseren Schultern lasten. Ein wichtiger Schritt zu weniger Ballast ist ein kritischer Blick aufs eigene Konsumverhalten. Weniger zu konsumieren hält nicht nur das Bindfaden-Gewirr im Zaum, es ist auch die einfachste und nachhaltigste Methode, um die Ressourcen unseres Planeten zu schonen. Und weil unsere Kinder ganz automatisch von uns lernen, schaffen wir so die besten Voraussetzungen, um aus unseren Kindern die kritischen Konsumenten von morgen zu machen.

Weniger Ballast, mehr Leichtigkeit

Ausstattung:
Jedem Anfang wohnt ein Kaufrausch inne

Ist es nicht erstaunlich: Je kleiner die Kinder sind, desto sperriger sind die Dinge, die man offenkundig anschaffen sollte — Kinderbett, Wickeltisch, passend dazu abgestimmt der Kleiderschrank. Dabei ist das, was ein Baby wirklich braucht, ziemlich schnell aufgezählt: Und zwar sind das die Dinge, die seine Grundbedürfnisse nach Wärme, Nahrung, Schutz und Geborgenheit befriedigen. Alles darüber hinaus ist Chichi. Wunderbares oder auch ganz praktisches Chichi. Manchmal aber auch völlig unnützes. Bedarf und Wunsch sind eben nicht das Gleiche. Die große Aufgabe ist es, das zu unterscheiden — am besten, bevor Kleiderschränke und Abstellkammern überquellen.

Die Frage, was wir brauchen, ist schwer zu beantworten, wenn wir gar nicht wissen, was in den nächsten Monaten und Jahren auf uns zukommen wird. Für werdende Mütter und Väter ist es schwer zu erahnen, welche Schlafsackgröße in ein paar Monaten die richtige sein wird. Wird das Kind die Rassel mögen? Unter dem Mobile sanft einschlafen oder latent irre werden? Wie wird es in dem Buggy sitzen? Weil wir nicht in die Zukunft schauen können, sollten wir's doch einfach beim Hier und Jetzt belassen und uns fragen: Was brauchen wir jetzt? Nehmen wir Sasakis Tipp doch ernst und denken uns den Babymarkt oder den Online-Händler als unseren Familien-Lagerraum. Alles, was wir künftig brauchen könnten, liegt dort allzeit bereit. Brauchen wir es tatsächlich, können wir es einfach kaufen. Klingt banal? Nun, für mich war diese Sicht der Dinge ein echter Augenöffner!

Bei bestimmten Dingen ist die Wahrscheinlichkeit groß, dass wir sie wirklich brauchen werden. Bodys zum Beispiel. Oder, sofern wir ein Auto besitzen, eine Babyschale. Anderes wiederum glauben wir nur anschaffen zu müssen. Glaubenssätze nennt man dieses Macht-man-halt-Gefühl. Eine Wickelkommode muss doch in jedem Kinderzimmer stehen — oder etwa nicht? Wir werden verführt, von der Werbung, den vielen Ratschlägen. Dann kaufen wir Dinge, von denen wir bis zur Schwangerschaft und Geburt niemals geglaubt hätten, dass es so etwas tatsächlich gibt. Nasenfriedas zum Beispiel.

Manchmal wollen wir Dinge besitzen, weil sie einfach schön aussehen. Ein hölzernes Babybettchen, erdfarbene Wolleseide-Hemdchen, ein Kinderwagen im Wert eines gebrauchten Kleinwagens. Doch nehmen wir das mit dem »Weniger ist mehr« ganz genau, könnten wir schon aus reinen Praktikabilitätsgründen auf die allermeisten Dinge in Babys erstem Jahr ganz gut verzichten. Wickeln? Geht auch auf

Kaufen wir bewusster!

dem Bett oder dem Boden. Bettchen? Kind schläft eh im Familienbett. Babyschuhe? Braucht kein Krabbelkind. Was Familien in der ersten Zeit mit Kind (und darüber hinaus) wirklich brauchen, sind Dinge, die das Leben leichter machen. Was das konkret bedeutet, ist von Familie zu Familie verschieden. Wollen wir das Kind eng bei uns haben, investieren wir gut in eine richtig sitzende Trage. Schmerzen die Brüste, brauchen wir einen passenden Still-BH. Ist das Wickeln auf dem Boden unbequem, dann her mit der Wickelkommode!

Es geht im Leben allerdings nicht nur darum, was wirklich absolut nützlich ist. Marie Kondo, die Königin (und dank ihres weltweiten Erfolgs inzwischen vermutlich auch Millionärin) in Sachen Entrümpeln empfiehlt uns, bei jedem Teil, das wir besitzen, zu fragen: Does it spark joy?[6] Gemeint ist damit die Frage: Berührt es dich? Sie ist ein guter Wegweiser, wenn wir drohen, im Zuviel zu ersticken. Oder überhaupt erst damit anzufangen.

Denn ja, es macht verflixt noch mal auch einfach Spaß, Kindersachen zu besorgen und das Zimmer einzurichten. Das Kinderbettchen aufbauen — es ist nun einmal auch ein Traum, der damit Gestalt annimmt. Das erste Mal so winzig kleine Hemdchen kaufen — ein magischer Moment. Und nicht nur für die Eltern! Oft freuen sich auch Verwandte und Freunde schon darauf, Spielsachen und Kleidung zu besorgen. Doch die Gefahr ist groß, dass wir schnell zu viel von all dem haben. Zu viel Zeug. Das wieder zu sortieren und loszuwerden kostet Kraft. Etwas, wovon wir in den Jahren mit kleinen Kindern meist viel zu wenig haben. Deshalb tun wir gut daran, schon frühzeitig auf Ressourcen zu achten — die unsrigen und die unseres Planeten.

Leihen statt kaufen

Dass weniger mehr ist, bedeutet nicht, auf alles Schöne zu verzichten. Es bedeutet, achtsam auszuwählen, Entscheidungen bewusst zu treffen. Berührt es unser Herz, das Kind in diesem Strampler zu sehen, auch wenn wir ihn in anderen Farben längst haben? Ja? Dann, los! Kaufen wir das Teil! Im gleichen Atemzug darf Altes aber auch gern in den Flohmarkt-Orbit wandern.

Nachhaltiger ist es, Dinge gar nicht erst zu kaufen, sondern zu leihen. Freunde und Verwandte freuen sich oft sogar, wenn sie ihre Sachen verleihen oder abgeben können (siehe Thema Schenken). Wie viel Geld könnten wir damit sparen! Und Zeit und Kraft sowieso. Mal ehrlich: Warum sollten acht Freundespaare die gleichen Hochstühle im Keller stapeln, statt sie untereinander einfach zu verleihen? Gleiches gilt für Klamotten: Leihen wir uns doch die Wintersachen Größe 92 von dem Kollegen, dessen Kinder gerade die Größen 116 und 68 tragen. Die 92er-Sachen kriegt er zurück, wenn er sie wieder braucht.

Im Zweifel wird das teure Stück, das jetzt Möhrenflecken hat, eben ersetzt. Aber keine Sorge: Die Herzensstücke wandern ja ohnehin eher in die Erinnerungskiste als in die Hände anderer junger Eltern.

Ob geliehen oder gekauft, klar ist auch: Die schiere Menge macht den Überfluss. Statt die zehnte Hose und die zwölfte Jacke zu besorgen, ist es viel hilfreicher, auf Qualität zu achten. Nachhaltige Kleidung guter Qualität hält länger und wir haben auch länger Freude daran. Damit unterbrechen wir auch den »Immer mehr«-Kreislauf und schonen die Ressourcen. Denn auch der Wäscheberg wird kleiner, sobald wir weniger waschen müssen. Eigentlich eine Binsenweisheit – und trotzdem überraschend.

Hochwertige Produkte erkennen wir nicht unbedingt am Preis, aber zum Beispiel an der Verarbeitung: Wackelige Knöpfe und lose Fäden sind kein gutes Zeichen für Qualität. Dichte Stiche in der Naht dagegen sorgen für längere Lebensdauer der Kleidungsstücke. Bei Wolle verhält es sich meist so: Je länger das Garn, desto besser die Qualität und höher der Preis. Wichtig ist, dass die Kinder sich in den Kleidungsstücken wohlfühlen. Am nachhaltigsten ist Kleidung, die häufig getragen wird. Nur dann brauchen wir auch weniger davon.

Der Leitsatz »Qualität über Quantität« hat die Chance, unser ganzes Leben neu zu sortieren. Es hilft uns, das Wesentliche in den Fokus zu rücken – und das nicht nur in Sachen Ausstattung, wie wir in den folgenden Kapiteln noch sehen werden.

Qualität statt Quantität

Best-of – Und was wir uns hätten sparen können

»Für uns persönlich waren die sinnlosesten Anschaffungen die Milchpumpe, der Flaschenwärmer, ein Sterilisator, Still-BHs und Mullwindeln. Unverzichtbar waren der DidyKlick (eine Mischung aus Tuch und Trage, superschnell anzulegen), das Stillkissen, der Laufstall und die Babywippe.«
Nora Imlau, Autorin und Mutter von vier Kindern

»Beste Anschaffung: definitiv die Trage!«
Paul Köpke, Vater von drei Kindern

»Der Badeeimer war das Sinnloseste überhaupt!«
Samira, Mutter von zwei Kindern

»Ich hatte mir einen Billo-Zwillingswagen gekauft, der so schwer über die Bordsteinkanten zu wuchten war, dass meine Kaiserschnittnarbe jedes Mal fast aufplatzte. Zum ersten Geburtstag der beiden hab ich mir dann ein Markenmodell gegönnt. Es fuhr sich wie Butter und hat meine Lebensqualität deutlich erhöht.«
Lisa Harmann, Journalistin und Bloggerin (Stadt Land Mama) und Mutter von drei Kindern

»Unser Fahrradanhänger war das Beste überhaupt! Das war der Gamechanger beim Thema ›Kind will nicht einschlafen‹.«
Henning, Vater von zwei Kindern

»Super war nachts zum Fläschchen machen der Cool Twister. Damit haben wir im Halbschlaf die richtige Temperatur mit frisch gekochtem Wasser bekommen.«
Matthias Kraus, Vater von zwei Kindern

»Die XL-Wickeltasche war unnötig! Meistens reichte ein kleiner Rucksack oder alles kam direkt in die Handtasche und in den Kinderwagen. Moltontücher sind aber immer und überall dabei gewesen.«
Nicole Jahnke, Mutter von drei Kindern

»Sinnlos waren sämtliche Langarmbodys. Mit einem Pulli drüber waren sie immer zu eng und ohne Pulli waren sie dann doch zu kalt.«
Susanne Sieche, Mutter zweier Töchter

»Nicht lachen! Wirklich praktisch war das Reisetöpfchen! Das ist ein Toilettensitz in Kinderpogröße, in den man Tüten hängen kann.«
Inke Hummel, Autorin und Mutter von drei Kindern

»Völlig unnütz waren unter anderem diese Baby-Spielteppiche. Was für mich beim ersten Kind echt lebensrettend war, war ein relativ starres Stillkissen, das frau sich umschnallt und auf dem das Baby gut in Position bleibt.«
Verena Carl, ELTERN-Autorin und Mutter zweier Kinder

»Unser Familienbett 270×200 Meter war die beste Anschaffung! Kein Aufstehen und Wandern durchs Haus in der Nacht von Anfang an ... wir brauchten nie ein fertiges Babyzimmer.«
Susanne Jackenroll, Einrichtungsexpertin und Mutter zweier Kinder

»Windeleimer sind fürn Arsch.«
Falk Becker, Blogger (papamachtsachen) und Vater zweier Jungs

»Gelohnt hat sich auf jeden Fall: Manduca Babytrage. Fünf Jahre lang!«
Kirsten, Versicherungskauffrau und Mutter einer Tochter

»Für ein Baby braucht man nur Stoffwindeln, ein Tragetuch und höchstens einen Schlafsack. Zwei Strampler. Für ein nicht gestilltes Kind ein paar Fläschchen. Mehr nicht.«
Anne Mackowiak, leitet den Kursladen »Lütte und Steppke« und ist Mutter zweier Töchter

»Beste Anschaffung: Die Federwiege — und beim zweiten Kind der Motor dazu.«
Anneli Wülfing, Fotoredakteurin bei ELTERN, zwei Kinder

Was sich wirklich lohnt.

Nichts ist umsonst. Nicht einmal Geschenke!

Ob es aufgetragene Kleidungsstücke sind, der wunderschöne Stubenwagen, die aussortierten Puppen oder das zehnte Kuscheltier zur Geburt: Sie alle kommen meist von Herzen, doch nicht immer sind sie uns von Herzen willkommen. Wir freuen uns über die Anteilnahme und viele machen sich wirklich Gedanken, basteln wunderschöne Karten und Bilder, kaufen tolle Kleidungsstücke und hochwertiges Spielzeug. Wirklich praktisch sind Geburtsgeschenke aber eher selten — oder wer schenkt einer jungen Mutter schon eine Wagenladung Surfbrett-Binden oder eine Laserbehandlung für zerschundene Brustwarzen?

Das Zuviel an Zeug fängt also schon deutlich vor dem ersten Geburtstag an. Und es wird immer mehr, denn die Kinder bekommen bei sämtlichen Anlässen oder gern auch völlig anlasslos Geschenke, sie machen uns Geschenke, wir schenken einander etwas und obendrauf kommen noch all die aussortierten Klamotten von Verwandten, Freunden und Nachbarn. Schöne Dinge, praktische Dinge, aber alles davon brauchen wir sicher nicht. Kann man guten Gewissens solche Geschenke ablehnen? Die Antwort ist eindeutig: Ja!

Dazu hilft es, sich klarzumachen: Dinge sind nie umsonst, selbst wenn sie uns geschenkt werden. Sie kosten uns Platz und Zeit und Gedanken. Sie knoten einen weiteren Bindfaden an uns fest. Dass das so ist, sehen wir auch in den Gesichtern jener Verwandten und Freunde, die uns ihre Babysachen (man kann auch sagen: ihren Plunder) vermachen. Wenn sie uns ihre Taschen und Säcke und Körbe voller Sachen vorbeibringen, dann können wir ihre Erleichterung sehen und spüren. Ja, sie meinen es ja gut. Das Ergebnis ist trotzdem das gleiche: Ihre Last, die haben jetzt wir.

Schenken ist auch Wunscherfüllung. Kinder können unzählige Wünsche haben — oder keine. Die Auswahl an Dingen und Optionen macht es nicht leichter. Es ist schon für uns Erwachsene oft schwer, zwischen einer Laune und einem echten Bedarf zu unterscheiden. Wie sollten Kinder das können? Daher brauchen sie unsere Hilfe. Die fängt schon damit an, dass wir es ihnen ermöglichen, so etwas wie Sehnsucht nach etwas zu entwickeln. Das funktioniert nämlich nicht, wenn wir

Nützliche Geschenke zur Geburt:

- Zeit zum Sitten, Quatschen, Weinen, Lachen
- Aufmerksamkeit für die Geschwisterkinder
- Essen zum Sattwerden
- Ruhe für die Familie
- Toleranz für all die neuen Seiten, die plötzlich zum Vorschein kommen
- Wenn unbedingt etwas gekauft werden soll: vorher fragen.

ihnen jeden kleinsten Wunsch von den Lippen ablesen und sofort erfüllen. Selbst wenn wir es uns leisten können: Wir tun den Kindern damit keinen Gefallen.

Bei uns zu Hause ist es so: Wünschen dürfen sich die Kinder alles. Nur bekommen werden sie es gewiss nicht. Äußern sie einen Wunsch, speichere ich ihn in der Notizen-App. Hier sammle ich das ganze Jahr über Wunschzettel. Wenn sie einen Wunsch häufiger äußern, auch über einen längeren Zeitraum, ist das ein guter Hinweis darauf, dass echtes Interesse daran besteht. Außer der Reihe kaufen wir in der Regel keine größeren Sachen. Größer heißt teurer als etwa fünf oder zehn Euro. Nur Bücher dürfen sie sich auch fernab von Weihnachten, Ostern und Co. aussuchen. Weil wir solche Feste in großer Familienrunde feiern, sind übrigens auch hier die Geschenke begrenzt. Jedes Kind bekommt von den eigenen Eltern nur zwei Geschenke, Neffen und Nichten jeweils eins. Nebenbei-Geschenke gibt es dann trotzdem mal von der Oma oder der Patentante. Das reicht.

Schenken hat auch etwas mit Wertschätzung zu tun. Mir ist es wichtig, dass die Kinder nicht nur ihren Besitztümern einen Wert beimessen, sondern auch die Schenkenden zu schätzen wissen. Dankbarkeit ist schließlich eine wichtige Zutat für eine ganz grundsätzliche Lebenszufriedenheit. Und damit eigentlich das beste Geschenk überhaupt.

Aber wie ist das nun mit den unliebsamen Geschenken: Sind wir nicht undankbar, wenn wir sie nicht haben wollen? Können wir sie überhaupt ablehnen? Wie wir damit umgehen, hängt von der Beziehung zum Schenkenden ab. Haben wir eine sichere Bindung zu diesem Menschen, versteht er oder sie vielleicht sogar sehr gut, warum wir ein Geschenk nicht annehmen wollen. Macht uns das schlechte Gewissen trotzdem zu schaffen, spricht nichts dagegen, ein Geschenk zwar dankend anzunehmen, es dann aber wieder zu verkaufen, zu verschenken oder an Bedürftige zu spenden. Dann erfüllt es immer noch einen Zweck für jemand anderen.

Manchmal fällt uns selbst das schwer, weil wir ein Geschenk ja mit dem Schenkenden verbinden. Hier hilft vielleicht noch mal ein Gedanke von Minimalist Sasaki: Er gibt Geschenke, die er nicht behalten will, weiter. Und ist selbst auch nicht böse, wenn andere mit seinen Geschenken das Gleiche tun. Er wolle schließlich niemand werden, der Liebe oder Freundschaft über materielle Dinge ausdrückt. Und so geht es wohl auch den Menschen, die uns Geschenke zur Geburt, den Kindern Geschenke zum Geburtstag gemacht haben. Sie zeigen damit, dass sie an uns denken. Wichtiger aber ist meist die Geste, nicht die Sache. Hängen wir an dem Spielzeug, weil die Oma es besorgt, die Babydecke, weil die Uroma sie gestrickt hat, brauchen sie aber längst nicht mehr? Bedanken wir uns innerlich dafür und trennen uns von den Dingen. Die Menschen bleiben ja in unserer Erinnerung.

Wünsche übers Jahr sammeln

EXKURS:
Kindergeburtstag minimalistisch

Denken wir kurz an unsere eigenen Kindergeburtstage zurück: Woran erinnern wir uns? Bei mir ist es ein Ausflug in den Wald, eine Gartenparty, Äpfel mit dem Mund aus Wassereimern fischen, der spontane Kinobesuch, als plötzlich das Unwetter aufzog. Ich erinnere mich an die Stimmung, an mein Gefühl. Woran ich mich nicht erinnere: die Torte, zum Beispiel. Heute verwenden Eltern viel Geld und Energie darauf, den Kindergeburtstag bis ins Detail abzustimmen. Torte passend zur Deko, passend zum Thema, passend zum Kinder-Freundeskreis. Ich finde das nicht verwerflich, solange das mit ganz viel Freude und wenig Stress verbunden ist. Eine Freundin von mir konzipiert die großartigsten Kindergeburtstage. Sie bastelt gern und denkt sich Spiele aus. Dabei ist sie so tiefenentspannt, dass gern auch zehn, zwölf Kinder durch den Garten springen dürfen. Sie macht das für ihre Kinder. Und sie macht das für sich. Sie macht es nicht fürs Posting im Whatsapp-Status.

Unser Credo zu Hause für den Kindergeburtstag: Es sollen möglichst alle Spaß haben. Das setzt voraus, dass wir Eltern uns nicht verausgaben müssen. Weder monetär noch unser Nervenkostüm betreffend. Hier bemühen wir uns Jahr für Jahr minimalistischer zu werden. Ich zum Beispiel bastle nicht besonders gern. Unsere Töchter dagegen sehr. Sie bereiten mit großer Freude ihre eigenen Kindergeburtstage oder den ihrer Schwestern vor. Der Kuchen ist immer gleich. Ein Ritual also, darüber freuen sich die Kinder und wir Eltern freuen uns, dass wir nur ein paar Zutaten zusammenrühren und am Ende Smarties auf die Schokoglasur kleben müssen. In der Regel bereiten wir für die Kinder ein paar Spiele vor, etwa Eierlaufen oder im Sommer gern irgendwas mit Wasserbomben. Die Große können wir damit nicht mehr begeistern, sie denkt sich selbst etwas aus.

In den ersten Kinderjahren reicht auch ein Sandkasten oder eine Verkleidungskiste – und Kaffee oder Bier für den Besuch. Am Anfang kann das Bewirten der Begleitpersonen viel aufwendiger sein als das Bespaßen der Geburtstagsgäste. Aber auch hier können wir uns ohne schlechtes Gewissen von allzu großen Ansprüchen befreien: Wasser anbieten wäre gut, alles andere nur, wenn man ohnehin gerade Lust darauf hat. Niemand begleitet ein Kind auf einen Kindergeburtstag und erwartet ein Erwachsenenprogramm. Natürlich kann man Geburtstage auch outsourcen und für den einen oder anderen ist es entlastender, nicht für das Rahmenprogramm zuständig zu sein. Das ist total in Ordnung. Auch wir haben schon Geburtstage in einer Kinder-Kunst-Werkstatt verbracht. Das war sehr schön. Es hat also durchaus Vorteile, auf den Bauernhof, in den Zoo oder in den Kletterwald zu fahren. Aber es ist auch nicht unstressig. Zum einen ist es ein Kostenfaktor. Zum anderen muss einem klar sein: Der nächste Geburtstag kommt bestimmt. Wer für seinen Dreijährigen schon die Zirkusvorstellung samt Ponyreiten bucht, könnte schnell in die Falle tappen, jedes Jahr aufs Neue etwas Außergewöhnliches präsentieren zu wollen. Hier könnte es helfen, sich noch einmal ganz bewusst zu fragen: Wofür mache ich das eigentlich? Und hier ist die Antwort doch klar: fürs Kind!

In den USA übrigens, dem Mutterland der übertriebenen Geburtstagspartys, hat sich ein charmanter Gegentrend zu den XXL-Feiern und Geschenkebergen etabliert: Die Fiver-Party. Statt unnötigen Krempel oder überteuerte Spielsachen verschenken Gäste ans Geburtstagskind einen Fünf-Dollar-Schein. So eine Banknote zu überreichen wirkt auf den ersten Blick nicht unbedingt besonders freudvoll. Aber es ist eine Frage des Verpackens — und die vermutlich nachhaltigere Form des Schenkens.

In Sachen Minimalismus sind die klassischen Mitgebseltüten der größte Graus: Entweder steckt dort wahllos Süßkram drin (nachdem es auf dem Kindergeburtstag daran vermutlich am wenigsten gemangelt hat) oder Plastikkram, der dem Kind natürlich total wichtig ist — und trotzdem zwischen Autoritzen oder in der Besteckschublade landet. Wir haben diese Tüten auch häufig genauso befüllt, einfach, weil Radiergummis und Jojos nun mal super im Sechser- oder Achterpack zu kaufen sind. Aber auch hier versuchen wir inzwischen bewusster auszuwählen und so das Leben aller zu entspannen. Wir haben zum Beispiel die Kinder selbst Taschen bedrucken lassen, die dann als Mitgebsel-Taschen herhalten sollten. Oder Einmachgläser statt Tüten genommen, gefüllt mit Bastelmaterial. Der nächste Schritt wird sein, die Dinger ganz wegzulassen. Ist die Party gut, interessiert das Give-away am Ende sowieso niemanden.

Hier ein paar konkrete Punkte, die es bei der Planung eines Kindergeburtstages zu bedenken gilt:

• **Mindset:** Bevor wir an die Geburtstagsplanung gehen, sollten wir uns noch einmal kurz klarmachen: Für wen machen wir das und was braucht dieser jemand wirklich? Es geht nicht darum, irgendetwas zu toppen. Es geht um eine schöne gemeinsame Zeit.

• **Motto:** Wenn es denn ein Motto sein muss, ist es sinnvoll zu überlegen: Was lässt sich wirklich einfach umsetzen? Also, was haben wir da und was können wir daraus machen? Nichts spricht gegen eine Geburtstagsparty unter dem Motto »Weihnachten im Sommer«.

• **Deko:** Am besten wählen wir Deko, die wir wiederverwenden können. Oft haben wir dem Motto entsprechende Deko schon zu Hause. Etliche Anbieter vermieten auch Kindergeburtstagsdeko. Oder wir gründen mit Freunden eine Deko-Austausch-Gruppe.

• **Programm:** Hier greift unbedingt das »Weniger ist mehr«-Prinzip. Genug Freispiel einplanen, aber immer Spiele in der Hinterhand haben. Kinderspiel-Basics wie Eierlaufen lassen sich wunderbar mottogerecht umplanen.

• **Gäste:** Wie viele Kinder kommen sollten, hängt von einer einfachen Rechnung ab: Anzahl Freunde plus Anzahl an Hilfspersonen ins Verhältnis gesetzt zu Platz, Budget und Stärke des Nervenkostüms. Eine Rolle dabei spielt auch der Max-und-Moritz-Faktor einer Gruppe, also wie viele »Kracher« dabei sind.

• **Give-aways:** Nicht jeder will darauf verzichten, aber es gibt auch hier minimalistische Ideen, etwa Zero-Waste-Geschenke wie Blumensamen oder Badebomben. Richtig wenig Materialeinsatz mit richtig großer Wirkung bietet: einfach ein Zettel, auf dem steht, warum das Geburtstagskind seinen Gast so gern mag.

Lang lebe das Spielzeug!

Etwas, dem kein besonderer Wert beigemessen wird, was für mehr oder weniger unbrauchbar gehalten und deshalb nicht mit seiner eigentlichen Bezeichnung benannt wird – das ist laut Duden die Bedeutung des Wortes Zeug. Es scheint kein Zufall zu sein, dass das Wort Spielzeug zur Hälfte auch mit Gedöns übersetzt werden könnte. Gingen wir auf die Suche nach *Spielgedöns*, wir würden wohl mit leeren Händen nach Hause kommen. Weil es uns absurd vorkommt, Geld für etwas auszugeben, was doch sinnloser kaum sein kann. Bei Spielzeug kommen wir weniger ins Grübeln. Es hat sich eingebrannt in unseren Wortschatz – und in unsere Vorstellung dessen, was zu einer erfüllten Kindheit gehört.

Natürlich ist an Spielzeug erst einmal nichts verkehrt. Eine Kindheit völlig ohne Spielsachen kommt uns ja auch seltsam trist vor. Kein Spielzeug heißt aber längst nicht, dass es nichts zum Spielen gibt. Das, was wir als Spiel bezeichnen, ist für Kinder das Entdecken der Welt. Sie be-greifen ihre Umwelt im wahrsten Sinn des Wortes – mit dem Gaumen, mit den Fingern, den Augen, den Ohren. Später durch Nachahmung, durch Rollenspiele. Kinder brauchen also vor allem die Möglichkeit, ihre Umwelt zu erleben und ihre Selbstwirksamkeit zu testen. Sie müssen den Matsch in ihren Händen fühlen, den Reis, der durch die Finger gleitet, sie müssen sehen, wie das Licht im Wasserglas bricht, hören, wie der Holzlöffel gegen den Suppentopf schlägt.

Wir können Spielsachen auch kaufen. Wenn es nicht gerade billiger Plastikschund ist, kann es sogar ganz förderlich sein. Doch wir sollten uns klarmachen: Viele Spielsachen verlieren nach kurzer Zeit, auch hier im wahrsten Sinne, ihren Reiz. Sie wurden befühlt, geschmeckt, berochen. Das Interesse daran schwindet. Ähnlich geht es auch uns Erwachsenen: Besitzen wir etwas schon eine Weile, hat sich unser Gehirn daran gewöhnt. Der Gegenstand schenkt uns keine Glücksgefühle mehr. Andere Dinge aber bewahren ihren Wert über lange Zeit. Nicht nur, weil sie besonders langlebig sind, sondern weil sie so konzipiert sind, dass Kinder über viele Jahre mit ihnen etwas anzufangen wissen – und zwar auf immer neue Weise. Weil sie mit den Kindern mitwachsen, weil Kinder hier ein emotionales Investment machen können. Farbige Seidentücher zum Beispiel gleiten durch die Babyhände und werden vom Mund befühlt. Drei Jahre später dienen sie als Bettdecke für die Puppen und werden zwei Jahre darauf dringend für die Räuberhöhle benötigt.

> »Zu viel Spielzeug überfordert Kinder, sie wissen nicht mehr, wo ihre Aufmerksamkeit hingehen soll.«
>
> Leonie Schulte

Manchmal verkürzen wir die Halbwertzeit der Spielsachen sogar selbst, etwa indem wir Produkte kaufen, die mit der aktuellsten Lieblingsfigur bedruckt sind. Hat Marshall aber sein letztes Paw-Patrol-Stündlein im kindlichen Herz geschlagen, wird damit auch der Marshall-Schlafanzug, das entsprechende Spielzeugauto und die Paw-Patrol-Trinkflasche den Weg alles Irdischen gehen. Nachhaltiger ist es, so wenig Dinge wie möglich nach einem bestimmten Thema auszuwählen. Und wenn die Fan-Liebe gerade ganz furchtbar groß ist, tut's doch auch einfach ein Malblock, oder?

Aber auch bei hochwertigen Spielsachen gilt die Devise: Weniger ist mehr. Durch Vereinfachen bleibt das Kind ganz bei sich und dem, was es gerade tut, schreibt Autor Kim John Payne. Was aber ist das richtige Maß? Sind es diese clean-chic-gehaltenen Kinderzimmer, die wir ständig auf Instagram und Pinterest sehen? Eher nein. Diese Zimmer sind vielleicht besonders vorzeigbar, doch das entspringt wohl eher dem Bedürfnis der Eltern als dem der Kinder. Denn selten sehen diese Zimmer so aus, als dürften Kinder darin tatsächlich leben und spielen.

Doch ein mit Spielsachen überfüllter Raum geht ebenso an den Bedürfnissen der Kinder vorbei. Er überfordert sie, sie wissen nicht, wohin sie ihre Aufmerksamkeit richten sollen. Ziel sollte es daher sein, die Spielsachen zu reduzieren und so zu verräumen, dass sie nicht sofort ins Blickfeld geraten. Sperrige oder gerade wenig bespielte Sachen können in Kisten gepackt und nach Bedarf vom Dachboden oder aus dem Keller geholt werden (Minimalismus hin oder her, wir müssen ja nicht alles entsorgen!). Bezüglich der Menge gibt Autor Payne eine Richtschnur: So viele Dinge, wie das Kind (abhängig vom Alter) selbstständig wegräumen kann.

Kinder, die ihr Zimmer in fünf Minuten selbst aufräumen? Das klingt verwegen! Aber auch irgendwie einleuchtend. Denn Kindern ergeht es schließlich wie uns Erwachsenen: Müssen wir nur kurz die Spülmaschine einräumen, geht uns das leicht von der Hand. Stünden wir jeden Abend vor der Entrümpelung einer Garage, würden wir auch warten, bis irgendjemand das Elend nicht mehr mitansehen mag und uns die Sache abnimmt. Wollen wir, dass unsere Kinder selbst ihr Spielzeug wegräumen, müssen wir ihnen auch die Möglichkeit dazu geben. Und dafür muss ihr Leben überschaubar sein. Mit so wenig Spielsachen also, wie sie in fünf Minuten wegräumen können.

Spielzeug finden wir im Alltag.

Exkurs: Spielzeugfrei zu Hause und im Kindergarten

Leere Kisten und Regale im Kinderzimmer. Ein Bett, ein Tisch, vielleicht noch ein paar Kartons. Das war's. Was nach Langeweile aussieht, könnte der Ort sein, an dem große Abenteuer beginnen. Es ist die Idee einer spielzeugfreien Kinderwelt auf Zeit, die ihren Ursprung Anfang der 90er-Jahre in bayerischen Kindergärten hat und mittlerweile auch in dem einen oder anderen Kinderzimmer praktiziert wird. Wie bei Leon, fast 2, und Marie, 4 Jahre alt.

»Die Spielzeugregale waren übervoll«, sagt Mutter Nina. »Wir hatten den Eindruck, dass unsere Mäuse manchmal nur deshalb quengelten, weil sie sich nicht für eine der vielen Sachen entscheiden konnten. Oder weil es für beide genau in diesem Moment unbedingt das kleinste Schaf vom Bauernhof sein musste.«

Von allem viel zu viel, das war der Eindruck. Also fassten die Eltern einen Entschluss, der zunächst ganz schön radikal klingt: Nach Absprache mit den Kindern verschwand fast das gesamte Spielzeug für eine Weile auf dem Dachboden. »Sie durften natürlich behalten, was ihnen sehr wichtig war«, sagt Vater Johannes. »Die meisten Kuscheltiere blieben da, aber auch das Memory. Von dem allermeisten Krimskrams trennten sich die Kinder aber erstaunlich unsentimental.«

Leon und Marie spielen jetzt vor allem mit dem Mobiliar, bauen sich Kuschelhöhlen und schieben Stühle zusammen. »Ihnen kommen jetzt ständig neue Ideen für Spiele, bei denen sie nur mit dem auskommen, was gerade da ist«, erzählt Johannes.

Manche kennen dieses Phänomen vielleicht schon aus dem Urlaub. Gerade Campingreisen, die uns schon aus Platzgründen zum Reduzieren zwingen, zeigen es immer wieder aufs Neue: Was Kinder wirklich zum Spielen brauchen, ist nicht das Zeug, sondern Raum, um sich entfalten zu können.

Ich bin kein Freund von Dogmen und würde nie empfehlen, alles Spielzeug dieser Welt für immer zu verbannen. Doch eine spielzeugfreie Zeit kann eben eine spannende Reise werden, um herauszufinden, was Kinder wirklich brauchen und woran ihr Herz tatsächlich hängt. Unsere jüngste Tochter zum Beispiel hatte eine ausgeprägte Paw-Patrol-Fanphase, weswegen sie sich von sich aus nie von Sky und Co. hätte trennen wollen. Doch irgendwann war auch das Zimmer der Vierjährigen an der Reihe, ausgemistet zu werden. Ich wollte sehen, was für sie wirklich bedeutsam war. In ihrem Beisein wanderten die sperrige Paw-Patrol-Zentrale, die Fahrzeuge, weitere Bauklötze, Duplosteine und das kaputte Mikrofon in einen großen Sack und in die Garage.

Lediglich Bücher, Malsachen, eine furchtbar hässliche Puppe namens Cylinder und ein Haufen kleiner Figuren blieben im Zimmer. Diese Figuren schliefen nun in Taschentücherverpackungen, erlebten Abenteuer auf der Fensterbank und lauschten dem Schulunterricht der Vierjährigen. Die nackte Cylinder hätte ich nie als Herzdame für meine Tochter benennen können. Tatsächlich aber schlief sie nun fest an ihrer Seite.

Ähnlich wie Leon und Marie kam plötzlich auch meine Vierjährige wunderbar mit dem aus, was noch übrig blieb. Und mit dem auszukommen, was man hat, klingt gar nicht mehr so sehr nach Langeweile, sondern nach ziemlich großer Freiheit. Auf jeden Fall führt es zu größerer Freiheit für uns alle, denn leere Kisten müssen schließlich nicht aufgeräumt werden. Inzwischen sind einige Puppen und die Duplosteine wieder aufgetaucht. Alles Weitere wandert demnächst in die Flohmarkt-Whatsapp-Gruppe.

Die Entwicklung des Spielens

Im ersten Lebensjahr
Im sensomotorischen Spiel erkundet das Kind begeistert, was es alles kann. Bestes Werkzeug dazu sind die eigenen Hände. Auch mit dem Mund ertastet und erforscht es Alltagsgegenstände.

Im zweiten Lebensjahr
Mit 18 Monaten etwa beginnen Kinder im »Konstruktionsspiel« das Stapeln und Bauen von Klötzen oder Alltagsgegenständen. In der »So-tun-als-ob«-Phase imitieren Kinder das, was sie bei Erwachsenen sehen. Gerade in dieser Zeit helfen sie besonders gern im Haushalt.

Im dritten Lebensjahr
Die vorangegangenen Phasen hören natürlich nicht auf. Das Konstruktionsspiel etwa wird ab dem dritten Geburtstag noch einmal komplexer. Die Kinder setzen sich Ziele, planen also ihr Verhalten.

Im vierten Lebensjahr
Hier beginnt die Rollenspielphase. Kinder entwickeln nämlich jetzt die Fähigkeit, die Perspektive des anderen einnehmen zu können, was dieser Spielphase enorme Entfaltungsmöglichkeiten verleiht. Dazu brauchen Kinder vor allem eines: andere Kinder.

Interview

Wenn Spielzeuge auf Reisen gehen

SUSANNE WASSERFALLEN

Fachmitarbeiterin Prävention bei der Suchtprävention Aargau, Schweiz. Dort verantwortet sie das Projekt »Spielzeugfreier Kindergarten«, das Kindergartenlehrpersonen bei der Umsetzung einer spielzeugfreien Zeit unterstützt.

Kann man Kindern anmerken, wenn sie zu viel Spielzeug haben?
Ich bin ein Fan von Langeweile. Wenn Spielzeug nur kurz bespielt wird, dann das nächste kommt, aber eine Vertiefung nicht möglich ist, dann lohnt es sich hinzuschauen: Haben wir zu viel?

Warum ist es für Kinder gut, eine Zeit lang auf Spielsachen zu verzichten?
Eine Puppe ist immer eine Puppe. Und ein Lastwagen ist immer ein Lastwagen. Ein Tuch aber kann eine Puppe sein, Baumaterial oder dazu dienen, sich einzukuscheln. Durch solches strukturloses Material werden Kinder dazu angeregt, eigene Ideen zu entwickeln.

Welchen Effekt hat das?
Wenn Kinder Zeit und Raum zur Verfügung haben, um das tun zu können, was sie wollen und brauchen, stärkt das ihre Lebenskompetenzen. Also Kompetenzen wie Kommunikationsfähigkeit, Beziehungsfähigkeit, Empathie, Selbstwirksamkeit, Konflikte lösen zu können oder auch kritisch zu sein und kreative Lösungen zu finden. Darum ist ein spielzeugfreier Kindergarten auch mehr als ein Ort, an dem es kein Spielzeug gibt. Wie Kinder lernen, selbstständig mit Konflikten umzugehen, ist auch ein zentrales Element.

Wie starten Sie in die spielzeugfreie Zeit?
Wir sprechen zuerst mit den Kindern und sagen, dass wir die Spielsachen in die Ferien schicken wollen, weil auch die mal Urlaub brauchen. Oft finden die Kinder die Idee ganz witzig.

Im Kindergarten steigen wir dazu meist mit einem Buch ein.* Grundsätzlich wird alles Material, das strukturiert und damit einen klaren Sinn zum Spielen hat, verstaut. Dabei empfehle ich möglichst mutig zu sein und auch Materialien wie Knete, Bauklötze oder auch Stifte wegzupacken.

Was bleibt am Ende übrig?
Das Mobiliar bleibt — Tücher, Körbe, Eimer, Klebeband, Seile oder auch Gebrauchsgegenstände.

Wie konsequent sollten wir Erwachsenen da sein?
Wenn sie das zu Hause umsetzen, würde ich als Mama mit meinem Kind darüber sprechen, was es gerade genau vermisst. Ich würde nicht den Lieblingsteddy, den es zum Einschlafen braucht, wegtun.

Und kommen die Spielsachen irgendwann aus ihren Ferien zurück?
Das Projekt läuft in der Regel zwischen acht und zwölf Wochen. Dabei ist das Aufhören ganz unterschiedlich: Es gibt bei uns Kindergärten, die darauf brennen, endlich wieder Spielzeug zu haben, und andere wollen es beibehalten. Die Kinder überlegen dann mit den Lehrpersonen gemeinsam, wie sie den Kindergarten wieder einrichten wollen.

Was spüren Sie bei den Kindern, wie erleben Sie die Kinder nach dieser spielzeugfreien Zeit?
Die Lehrkräfte erzählen mir, dass die Kinder sozialer sind im Umgang miteinander, viel hilfsbereiter und kommunikativer. Kinder, die Deutsch als Zweitsprache lernen, machen extreme Fortschritte in dieser Zeit, weil sie ja sprechen müssen, wenn sie etwas wollen.

Wie erklären Sie sich diese Entwicklung?
Einerseits liegt es daran, dass die Kinder nicht nur 30 Minuten, sondern vielleicht vier Stunden haben, um ins Spiel zu kommen. Sie vertiefen sich richtig. Es ist aber nicht nur die Zeit. Es ist auch die Tatsache, dass sie sich die Entwicklungsaufgaben holen, die sie brauchen und nicht die, die die Erwachsenen für sie angedacht haben. Weil sie selber über Lösungen nachdenken dürfen. Es ist so, wie es Erziehungswissenschaftlerin Margrit Stamm schon sagte: Wir Erwachsenen sollten uns nicht so wichtig nehmen, wenn es um das Spiel der Kinder geht.

*zum Beispiel mit *Eine Kiste nichts* von Lena Hesse (Hueber Verlag, 2017).

Die spielzeugfreie Kita

Das viele Zeug: Raus damit!

Selbst wenn wir uns am Anfang vorgenommen haben, nicht so viel zu kaufen, uns nicht so viel schenken zu lassen, kommen wir trotzdem meist irgendwann an den Punkt, an dem wir feststellen: Huch, hier stapeln sich ja doch Unmengen von Dingen! Der Buggy, den wir doch nicht benutzt haben, der Puppenwagen, der in der Ecke steht, die Ritterburg aus Holz, von Staub schon ganz ergraut. Fehlkäufe sind ärgerlich.

Wie sortieren wir richtig aus?

Und dann neigen wir auch noch dazu, Dinge zu behalten, weil wir glauben, sie hätten einen besonderen Wert. Es widerstrebt uns, sie einfach wegzuschmeißen. Wir denken: Das kann man doch noch gebrauchen! Das war doch teuer! Sich Fehler einzugestehen ist schwer. Alles zu behalten aber macht die Last noch schwerer. Sie nagt an uns, macht uns ein schlechtes Gewissen.

Haben wir zu viel, können wir die Dinge in unserem Besitz oft auch gar nicht mehr pfleglich behandeln. Wir können ihnen nicht den Platz und die Aufmerksamkeit einräumen, die sie unserem Gefühl nach eigentlich verdienen. Vielleicht gehen sie sogar von ständigem Hin- und Herräumen auch noch kaputt.

Besonders schwer fällt es uns, uns von Dingen zu trennen, die eine Bedeutung haben – die Sentimentalitäten.

»Wir haben nicht nur Beziehungen zu Menschen, wir haben auch Beziehungen zu Dingen«, sagt Psychologin Friederike Gerstenberg. »Und dabei unterschätzen wir, wie viel Mental Load, also mentaler Ballast, an diesen Teilen klebt.«

Dinge machen uns ein schlechtes Gewissen, wenn wir sie länger nicht benutzen. Sie halten uns vielleicht auch vor Augen, was wir alles schon wieder nicht geschafft haben. Schon wieder nicht gemalt, schon wieder nicht genäht, das Gartenhaus nicht gestrichen, die Kamera nicht ausprobiert. Wir behalten die Dinge, weil wir hoffen, irgendwann dafür Zeit zu finden. Tatsächlich hindern sie uns aber daran, gut im Hier und Jetzt zu leben.

Autor Kim John Payne hat eine
10-Punkte-Checkliste parat fürs
Aussortieren von Spielsachen:

1. Kaputte Spielsachen
Wenn sie nicht zu der Handvoll absoluter Lieblingsspielsachen gehören, sollten sie in den Müll wandern. Auch die, die wir eigentlich längst reparieren wollten.

2. Nicht dem Entwicklungsstand entsprechende Spielsachen
Auch aus Spielsachen können Kinder herauswachsen.

3. Spielsachen mit festem Bezugsrahmen
Gemeint sind damit all die Frozen- und Spiderman-Dinge, deren letztes Stündlein ohnehin bald schlagen wird.

4. Spielsachen, die zu viel können
Meist gehen sie zu schnell kaputt. Und die Fantasie regen sie auch nicht an.

5. Übermäßig stimulierendes Spielzeug
Braucht in einem ohnehin schon hektischen Alltag kein Mensch(enkind).

6. Ärgerliche oder abstoßende Spielsachen
Wir kennen sie alle! Sie sind einfach nur hässlich.

7. Spielzeug zum Fördern
Kinder entwickeln sich — erstaunlich aber wahr — ganz prächtig ohne entsprechende Animation.

8. Spielsachen, die wir kaufen sollen
Die Werbung, sie ist eben überall.

9. Spielsachen, die zu zerstörerischem Spiel inspirieren
Hier geht es nicht um eine Grundsatzdebatte, ob Kinder aus Toastbroten Spielzeugpistolen beißen dürfen. Wollen wir uns aber von Spielsachen trennen, könnten vielleicht die als Erstes in die Tonne wandern, die zum Kettensägenmassaker einladen.

10. Spielsachen doppelt und dreifach
Klingt logisch. Trotzdem tappen auch wir regelmäßig in genau diese Falle.

Ausmisten für Fortgeschrittene: das Kinderzimmer

Minimalismus-Erfahrene wie Bloggerin und Buchautorin Diane Boden raten dazu, beim Ausmisten im Kleinen anzufangen: am besten im Bad. Hier finden wir kaum Sentimentalitäten, das Wegschaffen gelingt also leichter. Damit ist auch klar, wo die größten Hürden im Haus sind: im Kinderzimmer!

Für die Kinder ist selbst das ausgetrocknete Kaugummi auf der Fensterbank ein emotionaler Schatz. Und auch uns Eltern fällt der Abschied manchmal schwer: Das Buch hat er doch so geliebt! Die Hose hatte sie an ihrem ersten Geburtstag an. Das Bild mit dem ersten Kopffüßler. Der Handabdruck, der Fußabdruck. Je älter die Kinder werden, desto länger wird die Liste der Erinnerungsstücke.

Eine Erinnerungskiste ist ein guter Anfang, um den Sentimentalitäten einen Ort zu geben (mit dem Satz »Jedes Ding hat seinen Ort« beginnt wohl jede Aufräum-Bibel). Doch spätestens nach ein paar Jahren wölbt sich der Deckel. Die Kiste wird entweder mitwachsen müssen oder wir fangen erneut an auszusortieren. Was also stopfen wir da rein — und was lassen wir lieber sein? Richtiges Ausmisten beginnt mit vielen Stapeln. Denn erst einmal brauchen wir einen Überblick über das, was unsere Kinder alles besitzen. Wir werden staunen über das Fassungsvermögen eines IKEA-Kallax-Regals. Im nächsten Schritt fassen wir die Dinge in Kategorien zusammen. Bücher zu Büchern, so viel ist klar. Malsachen in eine Ecke, Bausteine in die andere. Doch ein Haufen wird vermutlich sehr schnell wachsen: der Irgendwas-Stapel. Bemalte Klopapierrollen, beklebte Glückssteine und irgendwelcher anderer vermeintlich wichtiger Klimbim. Es ist ja schön, wenn Kinder auch einem angeranzten Radiergummi einen Wert beimessen. Das Problem aber ist: Wenn alles wichtig ist, ist nichts mehr wichtig. Ein Setzkasten oder kleines Regal können helfen, den Dingen, die dem Kind wirklich bedeutsam sind, einen echten Platz zuzuweisen. Alles andere darf gern das Kinderzimmer verlassen.

Babykleidung bewahren wir nur zu gern auf. Diane Boden empfiehlt, sich zu fragen: für wen eigentlich?

> Um zu entscheiden, was sie behalten möchte, geht Minimalistin Boden Folgendes im Kopf durch:
>
> - Wie viel Zeit und Energie hat mein Kind in dieses Kunstwerk investiert?
> - Zeigt dieses Werk eine Entwicklungsstufe, die wir uns in Zukunft gern noch einmal ins Gedächtnis rufen würden?
> - Hat mein Kind einen starken Bezug zu diesem Stück?

Weniger Ballast, mehr Leichtigkeit

Die Erinnerungsstücke rühren unser Herz und gehören nach bester Marie-Kondo-Manier eigentlich auf die Haben-Seite. Die Erinnerungskiste aber, die haben wir doch für unsere Kinder. Unsere Söhne und Töchter freuen sich später vielleicht über den einen Strampler, das eine Kleid »von früher«. Aber ganze Outfits werden sie ihren eigenen Kindern eher nicht anziehen. Auch wir stülpen unseren Kindern ja nicht die Klamotten aus den 80er- oder 90er-Jahren über. Also mehr als ein paar Herzensstücke braucht es nicht.

Kunstwerke fordern uns besonders heraus. Die allermeisten sind mit Liebe und Akribie gemacht. Sie in den Müll zu befördern kommt uns herzlos vor. Doch alle behalten? Wer nicht gerade einen Kellerraum zum Archiv umbauen kann, wird irgendwann an seine Grenzen stoßen. Ein guter Weg, die Dinge ressourcenschonend zu bewahren, ist, sie zu fotografieren. Wenn es gut läuft, haben wir am Ende unserer Reise vielleicht wirklich Zeit dafür, aus all diesen Erinnerungsstücken ein wunderbares Fotoalbum zu basteln. Davor wird uns aber nichts anderes übrig bleiben, als das eine oder andere Kunstwerk diskret in den Müll zu befördern.

Spielsachen haben einen erstaunlichen Vermehrungstrieb. Egal, was wir dem entgegensetzen: Sie werden immer mehr! Vermutlich könnten wir die Hälfte der Spielsachen einfach aussortieren und den Kindern fehlte nicht einmal etwas. Und trotzdem dürfen wir sie allenfalls dann rigoros wegwerfen, wenn die Kinder noch sehr klein sind. Werden sie älter, müssen sie mitentscheiden. Schließlich wissen wir nicht, woran ihr Herz wirklich hängt. Und dogmatisch alles aus dem Zimmer zu verbannen, wird weder der Sache noch den Bedürfnissen der Kinder gerecht. Auch wenn es im ersten Moment einfacher ist, ohne die Kinder das Zimmer auszumisten, so ist es wichtig, sie in den Prozess mit einzubinden. Kinder lernen schließlich am Modell. Das Anhäufen von Dingen haben sie sich vielleicht sogar von uns abgeguckt, genauso können sie sich jetzt abgucken, wie man das Ganze auch wieder loswird.

Interview

»Kinder freuen sich an Ordnung und Übersicht.«

RITA SCHILKE
Aufräum-Coachin,
aufraeumcoach-berlin.de

Besitzen wir weniger, müssen wir auch nicht mehr so viel aufräumen. Das gilt für jeden Raum im Haus oder in der Wohnung. Fünf Minuten fürs Zimmer aufräumen, das wäre ein Traum! Wie wir es schaffen, nach dem großen Ausmisten auch weiterhin Ordnung im Kinderzimmer zu halten, erklärt Aufräum-Coachin **Rita Schilke** (aufraeumcoach-berlin.de) im Interview.

Was macht ein gutes Kinderzimmer aus?
Ein gutes Kinderzimmer zeichnet sich dadurch aus, dass sich die Kinder darin gern aufhalten, sich also wohlfühlen, dass sie stets finden, was sie suchen und dass sie, je nach Alter, selbst gut mitwirken können, das Kinderzimmer in Ordnung zu halten.

Der Wunsch nach einem schönen Kinderzimmer ist groß. Was aber ist das größte Hindernis daran?
Das größte Hindernis sind die zu vielen Spielsachen, meist von wohlmeinenden Großeltern, Onkel und Tanten angeschleppt. Dann fällt den Kindern die Auswahl schwer bzw. gesuchte Puppen oder Bausteine werden gar nicht gefunden. Die Kinder verlieren den Überblick.

Welche Tricks gibt es für kleine Kinderzimmer, Ordnung zu wahren und Platz zum Spielen zu schaffen?
Am besten ist es, klare Zonen und Bereiche im Kinderzimmer einzurichten. Eine Ecke für die Puppen oder Kuscheltiere, Regale für die Bücher, ein freier Tisch zum Malen und Basteln oder für die Hausaufgaben.

Wie räume ich Spielsachen sinnvoll weg?
Wenn es klare Bereiche und Zonen für die einzelnen Spielsachen gibt, ist es einfach, diese am besten abends in einem regelmäßigen Ritual an »ihren« Platz zurück zu räumen. Und sobald die Kinder groß genug sind, machen die Erwachsenen das am besten zusammen mit den Kindern.

Stapel aus Büchern, Puppen, LEGO: Wie viel davon brauchen wir im Kinderzimmer? Geht es nach den Kindern, ist die Antwort meist: So viel, wie es geht!
Meine Erfahrung ist eine andere: Wenn ich geduldig mit den Kindern spreche, ihnen auch erkläre, dass andere, vielleicht ärmere Kinder sich freuen würden, wenn sie mit den schon lange nicht mehr verbauten Bauklötzen oder den achtlos in der Ecke liegenden Puppen spielen dürften, dann geben sie mit offenem Herzen ihre ausgemusterten Spielsachen gern her. Außerdem freuen sich Kinder auch an Ordnung und Übersicht, die es für sie leichter macht, ein Spiel auszuwählen und zu spielen.

Das größte Problem bei uns: die Schätze! Schnipsel, gebastelter Müll und Bügelperlen-Exkremente, die alle natürlich behalten werden wollen. Was machen wir damit?
Aus Sicht der Kinder ist es kein Müll, aber zuweilen verliert es mit der Zeit an Bedeutung und Aktualität. Hilfreich für allen Kleinkram sind stapelbare, am besten transparente Plastikboxen, in die all diese gesammelten und gebastelten Schätze sortiert werden können. Manchmal kann auch für ein besonderes Kunstwerk ein besonderer Platz im Zimmer gefunden werden. Andere Artefakte haben vielleicht schon ausgedient und können – gemeinsam mit den Kindern – entsorgt werden.

Aufräumrituale helfen.

Und zum Schluss die große Streitfrage: Jeden Tag Spielsachen wegräumen oder gebaute Welten stehen lassen?
Ich finde, beides ist wichtig. Grundsätzlich hilft ein regelmäßiges Ritual am Anfang zusammen mit den Kindern, bei dem sie das Aufräumen lernen können. Wenn es klare Zonen und Bereiche im Kinderzimmer gibt, geht das auch ganz schnell. Aufgebaute Ritterburgen, Raumstationen oder Puppenhäuser haben dann auch einen Platz und können bis zu ihrem Abbau auch eine Weile im Kinderzimmer stehen bleiben.

3. BEGLEITEN
Weniger Sorge, mehr Vertrauen

Begleiten

Weniger Sorge, mehr Vertrauen

Ein Kind großzuziehen ist so etwa die größte Herausforderung, der wir uns stellen können. Natürlich lastet diese Verantwortung schwer. Eltern rattert die Frage durch den Kopf: Was, wenn wir das vermasseln? Dabei gibt es gar nicht so furchtbar viel, auf das es beim Thema Großwerden wirklich ankommt. Und das Beste daran: Wir bringen schon vieles davon mit.

Beim Kinderarzt habe ich oft noch im Treppenhaus einen schnellen Blick auf die hinteren Seiten im U-Heft geworfen. Der Perzentilenkurven-Check. Normbereich. Yes! Erfolg. Das U-Heft als Ehrenurkunde. Beim dritten Kind aber sah es plötzlich anders aus: Unter der untersten und über der obersten Kurve. Obwohl der Kinderarzt und auch ich selbst hochzufrieden waren mit der Entwicklung, war da dieser kleine Stich. Für einen Moment keimte es auf, dieses Gefühl. Habe ich was falsch gemacht? Versagt?

Die Vermessung unserer Kinder beginnt bereits in der Schwangerschaft — und damit auch die Last der Mutter, vermeintlich für das lebenslange Glück des Kindes verantwortlich zu sein (siehe Interview mit Margrit Stamm, S. 12). Wir wissen: Was wir essen, wie viel wir uns bewegen und wie viel Stress wir in der Schwangerschaft ausgesetzt sind, all das könnte die Entwicklung unseres Kindes beeinflussen.

Und die Schwangerschaft ist nur der Anfang. Wir lesen immer wieder, wie sehr die ersten Tage und Wochen unser Kind und unsere Beziehung prägen werden. Wir hören ständig, wie sehr die Qualität unserer Bindung das Kind sein ganzes Leben lang prägen wird. Kein Wunder, dass wir heute ständig unter Druck stehen, denn spätestens mit der Geburt unseres Kindes ist klar: Auf uns Eltern wird es ganz entscheidend ankommen! Das kann eine enorme Erleichterung sein – oder einem auch ganz schön Angst einjagen. Was, wenn wir's vermasseln?

Was, wenn wir's vermasseln?

Der Wunsch nach Sicherheit

Wir sind wohl die aufgeklärteste Elterngeneration, die es je gab. Unser Wissen über die Entwicklungsschritte des Kindes wächst, genauso wie sein Körper. Immerzu. Gleichzeitig werden wir auch als die verunsicherte Generation bezeichnet. Wie zum Beweis wird auf die meterlangen Reihen Ratgeberliteratur gezeigt.

In gewisser Weise stimmt es ja auch. Tatsächlich lesen wir mehr über Erziehung, vielleicht sind wir auch verunsicherter. Aber das ist ja auch kein Wunder! Viele unserer Vorbilder funktionieren nicht mehr, wir haben in der Regel viel mehr Kenntnisse darüber, wie Erziehung und Beziehung funktionieren, wie Kinder sich entwickeln und wie sich Konflikte lösen lassen. Wir fordern heute keinen blinden Gehorsam mehr von unseren Kindern, wir wollen keine Beziehung, die auf Machtgefälle beruht, wie es in der Generation zuvor oft noch der Fall war. Und es ist gut, dass wir das nicht mehr wollen.

Weil viele von uns nicht auf das Wissen ihrer Eltern setzen können, sind wir also ganz allein dafür verantwortlich, ob unsere Idee von Erziehung wirklich gelingt. Ich finde es daher sogar ziemlich schlau, dass wir uns für unseren eigenen Weg möglichst gut vorbereiten. Aber die Krux ist: Wissen ist Macht und Ohnmacht zugleich. Was, wenn wir etwas übersehen? War diese Phase nicht besonders wichtig für die Hirnentwicklung? Und die Bindung entwickelt sich doch in den ersten Monaten, da müssen wir uns besonders ins Zeug legen! Wir sind so fortschrittlich, können so viel planen und kontrollieren, ausgerechnet bei der wichtigsten Aufgabe in unserem Leben wollen wir nichts dem Zufall überlassen. Gleichzeitig ist da diese große Verunsicherung.

Also versuchen wir, ein Stück Sicherheit zurückzugewinnen, indem wir die Kinder vermessen. In den Perzentilenkurven der U-Hefte können wir ablesen, ob unser Kind zu klein, zu dick oder noch im Normbereich ist. Wir kennen die Meilensteine der Motorikentwicklung, sehen im Pekip-Kurs oder auf Instagram, wann welches Kind zu krabbeln beginnt, und dokumentieren, wann der erste Zahn die Kauleiste, das erste Wort den Mund verlässt. Gäbe es eine Baby-Fitbit, vermutlich würden wir sie ums speckige Handgelenkchen wickeln. Schielen wir aber zu sehr ausschließlich auf die Entwicklungsschritte, auf Kurven und Daten, könnte dabei etwas Bedeutsames auf der Strecke bleiben: die Spürbarkeit dafür, was unser Kind gerade wirklich benötigt. Und dazu brauchen wir nicht nur unser Hirn, sondern auch unser Herz.

Die Angst, etwas in der Kindesentwicklung zu übersehen, ist oft diffus und selten mit Fakten niederzuringen. Manchmal drohen solche unbestimmten Sorgen sogar unser Herz zu verschließen. Doch in der Liebe geht es nicht darum, alles abzusichern, zu kontrollieren. Liebe bedeutet, das Leben zu bejahen — bedingungslos und mit allen Unsicherheiten, die dazugehören. Das ist vielleicht die größte Herausforderung für uns als Eltern.

Natürlich ist es gut und wichtig, dass Kinderärztinnen und -ärzte regelmäßig ein Auge auf unseren Nachwuchs werfen. Und tatsächlich ist es an einigen Stellen auch sinnvoll, frühzeitig bestimmte Förderungen in Anspruch zu nehmen. Doch die Kurven im U-Heft allein sagen noch gar nichts über unser Kind aus, sie sind maximal ein Richtwert. Auf den Kontext kommt es an. »Ohnehin gilt in der Entwicklungspsychologie und in der Kindermedizin die Devise: Nichts ist konstanter in der Kindheit als die Variabilität«, sagt Sabine Bollig, Professorin für Sozialpädagogik an der Universität Trier.[1]

Der Wunsch nach Leistung

Ist es nicht erstaunlich, wie lange wir uns als Menschheit schon so vor uns hin entwickelt haben, ohne dass unsere Kinder jemals besonders gefördert wurden? Doch plötzlich glauben wir, mit Argusaugen ihre Entwicklung beobachten zu müssen und im Zweifel einzugreifen. Schließlich wollen wir doch, dass aus unserem Kind »etwas wird«. Aber was heißt das eigentlich?

Etwas werden — das klingt erst einmal unverfänglich. Schließlich wünscht jeder seinen Kindern eine gute Zukunft. Doch darin versteckt sich auch eine weitere Botschaft. Es ist das Leistungsideal

Das Kind soll was »Anständiges« werden.

unserer Gesellschaft, das uns Eltern das Leben oft so mühsam erscheinen lässt. »Sei die beste Version deiner selbst!« — diese Maxime soll nicht nur für uns, sondern auch für unseren Nachwuchs gelten. Getarnt, versteht sich.

Die wenigsten von uns erwarten von den Kindern Bestnoten und Bestwerte. Doch schauen wir genauer hin, haben auch wir ganz schön hohe Erwartungen. Oder wollen wir etwa nicht, dass unsere Kinder wahnsinnig glücklich werden? Sportlich aktiv sind? Sich gut mit anderen Kindern vertragen und auch in der Schule bestens klarkommen? Wünschen wir uns nicht doch, dass sie später zumindest ein Instrument spielen, gern in die Natur gehen, sich für Technik begeistern und, auch wenn wir es selten offen zugeben, zu alledem noch gut aussehen?

Unser Leben ist auch deshalb oft so anstrengend, weil Kindererziehung schnell zu einer Art Wettkampf wird. Wir glauben, was aus den Kindern wird, entscheidet über unsere Leistung als Eltern. Und damit über uns als Mensch. Also tun wir alles für die Ehrenurkunde, samt Medaille. Bloß nicht versagen. Eine Teilnahmebescheinigung will niemand.

Es gibt ganze Wirtschaftszweige, die mit genau dieser Angst Reibach machen. Gerald Hüther spricht von einer Stimulationsindustrie (siehe Kapitel 4).

> »Auch wenn es uns oft nicht bewusst ist, haben wir Eltern ganz schön hohe Erwartungen. Wir glauben, was aus den Kindern wird, entscheidet über unsere Leistung als Eltern. «

Leonie Schulte

Tatsächlich geben Eltern im Schnitt 763 Euro für ihr Kind aus — pro Monat. Gestiegen ist vor allem der Anteil für Urlaub und Freizeitgestaltung.[2] »Ein Kind ist die einzige wirklich unumkehrbare Entscheidung, die ein Mensch im Leben trifft. Nach dieser Entscheidung sind Kinder für Eltern das Wertvollste, was sie haben«, sagte Norbert Bolz dem Magazin brand eins.[3]

Manch einem oder einer mag es ungeheuerlich erscheinen, aber wie wäre es damit: Statt etwas »Anständiges« werden zu müssen, dürfte das Kind einfach okay sein. Damit müssten wir uns gar nicht mehr so sehr unter Druck setzen und könnten darauf vertrauen, dass aus unserem Kind etwas werden wird. Denn es müsste nicht mehr die beste Version seiner selbst sein, sondern nur gut genug.

Das Kind darf einfach okay sein.

Der Wunsch nach funktionierenden Kindern

Gerade in besonders stressigen Situationen mit unseren Kindern ist vermutlich den meisten von uns schon mal die Frage durch den Kopf gegangen: »Warum kann das nicht einfach mal funktionieren?« Ich frage mich das, wenn meine mittlere Tochter wieder mal nicht einschlafen will, meine große Tochter die Müllberge aus ihrem Zimmer partout nicht beseitigen möchte und die Jüngste wieder einmal drauf und dran ist, das Haus praktisch unbekleidet zu verlassen.

Der Wunsch nach funktionierenden Kindern ist total verständlich – und gleichzeitig völlig absurd. Schließlich wollen wir ja gar keine gehorsamen Roboter. Wir wollen selbstbestimmte, aufgeschlossene und neugierige Kinder. Aber wir Eltern wollen oft vor allem eines: den Alltag irgendwie hinkriegen.

Und genau das ist der Punkt. Oft erwarten wir von unseren Kindern, reibungslos mitzumachen, weil wir uns einen Alltag geschaffen haben, den wir mit nicht funktionstüchtigen Kindern kaum bewältigen können. Durchwachte Nächte sind auch deshalb so anstrengend, weil wir uns am Tag kaum erholen können. Weil wir dann wieder arbeiten müssen, die älteren Kinder zum Turnen fahren oder den vermaledeiten Haushalt irgendwie im Griff behalten müssen. Das morgendliche Anziehen raubt uns auch deshalb den letzten Nerv, weil wir rechtzeitig in der Kita und dann im Büro sein müssen.

> *Unser Alltag ist zu voll.*

Weniger Sorge, mehr Vertrauen

Aus einem Gefühl der Überforderung heraus sitzen wir dem Glauben auf, mit etwas mehr Kontrolle über Kind und Kindesentwicklung auch unser Familienleben besser organisieren zu können. Wie oft habe ich mir schon vorgestellt, was ich alles schaffen könnte, wenn wir keine zwei Stunden für den allabendlichen Zubettgeh-Marathon bräuchten. Oder wie viel leichter es wäre, wenn sich die Kinder doch einfach mal eine Weile selbst beschäftigen würden! Bei solchen Wunschvorstellungen setzt aber genau der gegenteilige Effekt ein: Stressig wird es genau dann, wenn wir bestimmte Entwicklungsschritte wie das Einschlafen oder das Trockenwerden erzwingen wollen (siehe Interview mit Herbert Renz-Polster, S. 70).

Dabei ist nicht nur die Entwicklung von Kind zu Kind verschieden: Was wir in Sachen Kindesentwicklung als normal empfinden, variiert auch je nach Kultur und Gesellschaftsform. Es ist also wieder die Gesellschaft, die uns als Familie mit ihren Erwartungshaltungen ganz schön Druck machen kann.

Nehmen wir das Thema Schlafen. »Schläft es schon durch?«, ist eine beliebte Frage an junge Eltern in unseren Breitengraden. Gerade in den westlichen Industrienationen gehen wir davon aus, dass Kinder zeitnah allein einschlafen und dann in ihrem eigenen Zimmer bleiben, und das die ganze Nacht. In den USA zum Beispiel schlafen die meisten Kinder tatsächlich ab etwa vier Monaten nachts durch. Vor allem deshalb, weil die Eltern aktiv daran arbeiten. Die Mütter der Kipsigis in Kenia dagegen üben keinerlei Druck auf ihre Kinder aus, um einen bestimmten Schlafrhythmus zu etablieren. Sie behalten ihr Baby sowohl am Tag als auch in der Nacht bei sich. Die Kinder schlafen hier nicht im klassischen Sinne durch, sondern in längeren Schlafphasen über den Tag verteilt.[4]

> **Tipp:**
> ## Überlegen wir mal
>
> Was sind das für Momente, in denen wir uns denken: »Kann es nicht einfach mal funktionieren!« Sehr wahrscheinlich sind das die Situationen, die uns am meisten stressen. Genau hier sollten wir ansetzen, um Ballast loszuwerden.

Jetzt leben wir aber nun einmal nicht in Kenia und die Vorstellung, über mehrere Jahre das Kind ununterbrochen bei sich zu haben, klingt nicht unbedingt nach mehr Leichtigkeit. Ein durchgetakteter Tag nach einer durchwachten Nacht ist es allerdings genauso wenig! Weniger ist mehr heißt hier, einen Alltag zu schaffen, der uns mehr Raum gibt, die Entwicklung unserer Kinder gelassener zu begleiten (siehe auch Kapitel 4).

Was heißt normal?

Interview

»Die Aufgabe der Eltern ist, Heimatgeber zu sein.«

DR. HERBERT RENZ-POLSTER
Kinderarzt, Wissenschaftler und Autor zahlreicher Bücher (u. a. *Kinder verstehen* und *Menschenkinder*)

Was brauchen Kinder, um gut gedeihen zu können?
Kinder brauchen eigentlich widersprüchliche Dinge. Sie brauchen einerseits ein Gefühl von Heimat, von grundlegender Anerkennung ihrer Person, und die Sicherheit, dass sie nicht in Not geraten. Und sie brauchen das Gefühl, dass sie dazugehören. Das ist das Kleeblatt der inneren Integrität. Das ist aber nur ihr Sprungbrett ins Leben, ihre Entwicklungsbasis. Sie brauchen auf der anderen Seite nämlich Zeit, Raum und Gelegenheit, um sich zu bewähren, um ihre Umwelt zu entdecken und die Welt kennenzulernen.

Sie schreiben von artgerechter Erziehung. Was genau verstehen Sie darunter?
Artgerecht heißt für mich, dass Kinder eben genau dieses vorfinden: Die innere Sicherheit, die sie bei ihren Bindungspersonen bekommen, also bei den bedeutsamen Menschen. Aber eben auch, dass sie ihre Entwicklungsaufgaben machen können. Freies Spiel, Zugang zu spannenden Kindergruppen, Zutritt zur Selbstbewährung.

Es geht also gar nicht so sehr darum, wo Familien leben, sondern wie? Bei artgerecht denkt man ja schnell an ein Leben in der Natur.
Artgerecht hat gar nichts damit zu tun. Man kann gar nicht sagen: Das ist genau die menschliche Umwelt. Die menschliche Spezialität ist ja, sich in immer neue Umwelten zu begeben und Neues zu schaffen, Kultur eben. Für mich steht ein modernes Leben nicht im Widerspruch zu einer artgerechten Umwelt. Artgerecht heißt nicht, die dürfen keine Windeln haben. Artgerecht heißt, Kinder brauchen eine Beheimatung in ihrem Stamm und eine Umwelt, in der sie ihr Ding machen können. Das kann auch der Orchestergraben oder der Zirkus sein.

Viele Eltern haben heute eine unglaubliche Sorge, etwas falsch zu machen und Entwicklungsdefizite zu übersehen.
Unsere Gesellschaft ist sehr stark auf Leistung und Extraktion gerichtet. Also erziehen Eltern ihre Kinder so, dass sie möglichst viel rausholen wollen. Ich würde jetzt nicht sagen, dass das neu ist. Nur die Ziele sind neu. Früher hat man ein möglichst gehorsames Kind gewollt. Da holte man auch das Gewünschte aus dem Kind raus, eben im Rahmen des damaligen Herrschaftsmodells.

Aber warum sind Eltern heute sehr verunsichert?
Wir leben in einer Leistungsgesellschaft, wo der Zugang zu Status und Möglichkeiten klar reglementiert ist. Eltern blicken natürlich mit Sorge auf die Kindheit und fragen sich: Hat mein Kind nachher Zutritt zu den sozialen Privilegien? Dabei verkennen sie oft, dass Entwicklung auch hin zu gesellschaftlichem Erfolg immer über die Station der kindlichen Selbstverwirklichung geht. Ein Kind, ein Mensch braucht ein Lebensfundament, auf dem sich alles andere aufbaut.

Konzentrieren wir Eltern uns also auf die falschen Dinge?
Ja, ich glaube, wir fokussieren — bildlich gesprochen — zu stark auf die Inneneinrichtung und die schönen Fassaden statt auf das Fundament. Die Kinder brauchen eine Persönlichkeit, die ihren Entwicklungsweg abdeckt.

Was macht dieses Fundament aus?
Entwicklungspsychologisch kann man das fassen in großen Begriffen wie Selbstkontrolle, also dass ich mit mir, mit meinen Gefühlen klarkomme. Das zweite wäre soziale Kompetenz, also dass ich mit anderen klarkomme. Weil wir uns ja auch über die anderen verwirklichen, in Beziehungen kompetent werden, freudvoll miteinander umgehen können. Das dritte wäre Kreativität. Also dass Kinder Neues entdecken und entwickeln können. Das Vierte wäre zusammenfassend die innere Kohärenz; also dass ich mich wohlfühle, dass ich selbstbewusst und resilient bin, also widerstandsfähig. Jesper Juul hat immer von Integrität gesprochen. Das sind die Grundanker, ohne die wir nichts aufbauen können.

Welche Rolle wird mir als Mutter oder Vater zuteil? Müssen wir aktiv daran arbeiten oder können wir einfach darauf vertrauen, dass die Dinge schon werden?
Weder noch. Sie entwickeln sich, wenn das Kind in einer arttypischen Umwelt aufwachsen kann. Und da schließt sich der Kreis. Unsere Fundamentalkompetenzen sind Erfahrungsschätze, die unsere Kinder selber heben müssen. Dazu müssen wir Eltern einen Rahmen schaffen, der ihnen das überhaupt erst möglich macht.

> Ein Kind braucht ein Lebensfundament.

Also spielen, spielen, spielen. Mitmachen dürfen. Anerkannt sein. Da sind wir wieder beim artgerechten Aufwachsen. Die Aufgabe der Eltern ist es also, Heimat zu schaffen und die Kinder gleichzeitig in die Fremde aufbrechen zu lassen.

Dennoch haben viele Eltern Angst, in Sachen Entwicklung Dinge zu übersehen. Woran merke ich als Elternteil: Hier ist jetzt wirklich Grund zur Sorge?
Das Problem ist, dass man das gar nicht so leicht sagen kann. Die Varianz der kindlichen Entwicklung ist einfach riesig. Was bei dem einen Kind ein Ausdruck von normaler Entwicklung ist, kann für das andere Kind Ausdruck eines Problems sein. Das Sprechenlernen etwa macht vielen Eltern Sorge. Aber man kann ganz grob sagen: Wenn ein Kind in einem Umfeld aufwächst, in dem es alle Zutaten hat, also Zutritt zu bedeutsamen Beziehungen, wenn die Sinnesorgane taugen, dann ist die Grundlage abgedeckt. Das Kind hat die Maschinerie, damit es aufnahmefähig ist, es hat auch eine Umwelt, in der es seine sprachliche Kompetenz ausbilden wird. Die Sprache wird kommen. Es ist eben ein individueller Entwicklungsverlauf.

Was sagen Sie denn sorgenvollen Eltern? Kann es ihnen gelingen, mehr Zutrauen in die Entwicklung des Kindes zu haben?
Man kann auf die positiven Dinge schauen. Nehmen wir wieder die Sprachentwicklung: Erkennt das Kind Zusammenhänge im Bilderbuch? Dann funktioniert der Kopf hervorragend. Das Sprechen folgt. Weil es eben immer folgt. Kinder lernen das Sprechen, wenn sie in bedeutsame Beziehungen eintauchen. Unsere Entwicklung ist so angelegt, dass sie unter einer Vielzahl von Umwelten gut laufen muss. Das Sprechenlernen war immer eine extrem wichtige Aufgabe — ob man nun irgendwo im Graal lebt oder woanders. Dieser Entwicklungsprozess ist stark abgesichert und simpel. Es braucht keine Sonderzutat, damit ein Kind sprechen lernt.

Wir wollen die Kinder formen.

Sie schreiben auch vom Ausmisten und meinen damit Erziehungsmythen, von denen wir uns verabschieden sollten.
Ja, tatsächlich glaube ich, dass wir an viele Verhaltensweisen des Kindes — statt sie zu verstehen versuchen — Erziehung dranhängen. Nehmen wir die Sauberkeit oder das Schlafen. Es gibt noch immer diese Mythen, dass wir glauben, Kinder zur Sauberkeit oder zum Schlafen erziehen zu müssen. Ich vergleiche das immer mit der Steinzeit: Da konnte man ein Kind einfach nicht allein schlafen lassen. Trotzdem ist es selbstständig geworden. Heute nehmen wir die normalsten Sachen — essen, schlafen, pullern — und wollen Erziehung daraus machen. Dadurch machen wir's uns unnötig kompliziert.

Weil die Kinder in unseren Lebensplan passen sollen?
Ja, weil wir die Kinder formen wollen. Wir haben die Vorstellung: Mein Kind soll selbstständig sein und was werden in der Gesellschaft! Also hängen wir dieses Ziel gleich an das Schlafen dran.

Kinder müssen in dieser Gesellschaft aber auch klarkommen. Werden sie das tun – auch dann, wenn Eltern sich von diesem Leistungsgedanken verabschieden?
Natürlich! Wodurch kommt man in der Gesellschaft klar? Durch eine normal entwickelte Persönlichkeit! Das ist für mich die absolute Grundlage. Ob sie in Tansania im Busch leben oder in Deutschland. Wir machen das Beste aus uns, wenn wir die Dinge entwickeln dürfen, die uns Menschen helfen, mit dem Leben gut klarzukommen.

Also sollten Eltern weniger versuchen zu erziehen?
Wenn man Erziehung so versteht, auf jeden Fall. Eltern sollten sich mehr auf die Rahmengebung zurückziehen. Der Rahmen sollte stimmen, das andere machen die Kinder. Das war schon immer so. Die Aufgabe der Eltern ist Heimatgeber zu sein, nicht Erzieher oder Lehrer.

Der Wunsch nach einer guten Zukunft

Die Stimulationsindustrie, wie Hirnforscher Gerald Hüther die vielen Förderangebote nennt (siehe Kapitel 4), ist deswegen so erfolgreich, weil sie sich etwas Erstaunliches zunutze macht: die Zeit. Frühere Elterngenerationen haben sich vor allem Sorgen um die Gegenwart gemacht. Eltern heute blicken auf die Vergangenheit und vor allem in die Zukunft. Autorin Nora Imlau spricht von den zwei Zeitschienen, auf denen wir unterwegs sind und die unser Eltern-Dasein ganz schön verkomplizieren.[5] Denn ein Großteil unserer Überforderung rührt daher, dass wir nicht nur Lösungen für die Probleme der Gegenwart brauchen, sondern unsere Kinder auch bestmöglich für die Zukunft wappnen wollen.

Diese Sorge, es auch für die Zukunft zu vermasseln, hindert uns oft daran, unkomplizierte Lösungen für die Gegenwart zu finden. Das Baby bis zum Einschlafen stillen, die Zweijährige noch mal auf den Schultern tragen, dem Vierjährigen noch eine weitere Folge Paw-Patrol anschalten — oft erlauben wir uns leichte Lösungen nicht, weil wir im Hinterkopf Sätze haben wie »was Hänschen nicht lernt, lernt Hans nimmer mehr«. Weil wir glauben, was wir jetzt durchgehen lassen, werden wir später wieder ausbaden müssen.

Oder noch schlimmer: Dass unsere Kinder unter unseren Fehlern leiden werden. Dabei sind wir gut beraten, hier einmal genauer hinzuschauen.

Die meisten von uns sind nicht angetreten, um am Ende des Tages ihre Kinder stundenlang vor dem Fernseher zu parken. Das Gegenteil ist eher der Fall: Wir wollen es gut machen, richtig gut. Doch wir müssen nicht in jeder unserer tagtäglichen Entscheidungen das ganze Gewicht der Zukunft mitbedenken. Wenn wir uns anschauen, auf welch vielfältige Weise die Entwicklung von Kindern beeinflusst wird, kommt uns die Vorstellung von einem von Paw-Patrol verdorbenen Kind doch reichlich absurd vor, oder vielleicht nicht?

Lösungen im Hier und Jetzt

»Ein Kind, ein Mensch, braucht ein Lebensfundament, auf dem sich alles andere aufbaut. Die Aufgabe der Eltern ist, Heimatgeber zu sein, nicht Erzieher oder Lehrer.«

Herbert Renz-Polster

Die Werte-Basis: Was uns als Familie trägt

Natürlich spricht überhaupt nichts dagegen, seinem Kind eine gute Zukunft zu wünschen. Eltern überall auf der Welt wollen in der Regel das Beste für ihr Kind. Nur was das ist, darin unterscheiden sich die Kulturen. In manchen steht besonderer Bildungserfolg, in anderen wirtschaftlicher Status ganz oben auf der Wunschliste. Gesundheit und Zufriedenheit sind weitere solche Maximen.[6] Daran ist zunächst auch nichts verwerflich. Schwierig wird es aber, wenn wir alles daran setzen, diesen Erfolg unbedingt einfahren zu können. Elternschaft als Leistungssport. Der sich nicht immer nur darin ausdrückt, gnadenlos den Erfolg des Kindes herbeitrainieren zu wollen. Auch das Bestreben etwa, aus unseren Kindern möglichst empathische Erwachsene werden zu lassen, kann uns das Leben ungemein erschweren.

Das ist das Dilemma dieser ganzen Erziehungskiste. Zwar haben wir die besten Absichten, aber Erziehung verfolgt immer ein bestimmtes Ziel. Und da gibt es zwei Möglichkeiten:

Wir erreichen es — oder wir scheitern. »Ohne es zu wollen, behaften wir die alltäglichen Interaktionen mit unserem Kind mit dem Bleigewicht der Versagensangst: Was, wenn unser Plan nicht aufgeht? (...) Damit setzen wir nicht nur uns selbst immens unter Druck, sondern auch unsere Kinder«, schreibt Nora Imlau.[7] Denn Kinder spüren diesen Erwartungsdruck, selbst wenn wir ihnen gar nicht offen mitteilen, welche Ziele wir mit unserer Erziehung verfolgen und was wir uns für ihren Lebensweg wünschen. Und sie werden versuchen, dem zu entsprechen — oder sich dagegen auflehnen. Kinder kooperieren schließlich immer, allerdings auf ihre eigene Weise.

Wir sollten uns auch fragen: Für wen wünsche ich mir das? Gar nicht so selten tappen wir Eltern in die Falle, dass wir uns für unsere Kinder ein Leben ausmalen, das wir selbst gern führen würden. Wir sehen schon den glänzenden Schulabschluss unseres Sohnes vor Augen, wären gern die Eltern einer beruflich erfolgreichen Tochter oder vielleicht gern Großeltern vieler Enkelkinder. Was wir uns für unsere Kinder wünschen, hat unter Umständen also vor allem damit zu tun, was unserer Vorstellung nach gut für sie ist — und weniger damit, was unsere Kinder im Kern eigentlich sind.

Wer erzieht, kann scheitern.

> **Tipp:**
> Beschäftigen wir uns doch einmal mit den folgenden beiden Fragen und tauschen uns dazu auch mit unserem Partner aus:
>
> - Welche Werte sind uns wichtig?
> - Wie können wir sie im Alltag leben?

Als meine Tochter geboren wurde, hatte ich wenig konkrete Vorstellungen davon, was ich mir einmal für sie wünschen würde. Ich dachte lange, es käme von meinem etwas jugendlichen Leichtsinn — immerhin war ich gerade 23 Jahre alt und eher ungeplant schwanger geworden —, dass meine Maxime lautete: Sie soll im Leben irgendwie klarkommen. Heute erkenne ich bei aller Plumpheit auch eine gewisse Weisheit in dieser Vorstellung. Denn ist es nicht das, worum es am Ende geht: klarzukommen? Weil wir unsere Kinder gar nicht vor allem Unbill dieser Welt schützen können, heißt klarzukommen für mich, dass Kinder Ressourcen entwickeln, um mit widrigen Umständen umzugehen. Es bedeutet für mich nicht, immer nur glücklich und beliebt zu sein. Vielmehr geht es darum, unterm Strich einverstanden zu sein mit sich, dem Leben und mit den Menschen, die einem nahestehen. Das in etwa meinte ich damals mit klarkommen. Und das ist es auch heute noch, was ich mir für meine inzwischen drei Töchter wünsche.

Sich kritisch mit den eigenen Erziehungszielen auseinanderzusetzen heißt nicht, Kinder in völliger Gleichgültigkeit oder in einem pädagogischen Vakuum zu erziehen. Kinder brauchen Eltern mit Haltung, mit eigenen Wertvorstellungen. Wir können gar nicht anders, als unsere Kinder zu beeinflussen mit dem, was und wer wir sind. Weil Kinder immer am Modell lernen — also an uns.

Und so, wie es uns nur einmal auf dieser Welt gibt, so gibt es auch unser Kind nur einmal. Es trägt sein Temperament, seine Anlagen in sich. Wir können unmöglich wissen, zu was für einem Menschen es einmal heranwachsen wird. Wir werden dieses Kind nicht formen können, so wie wir es haben wollen. Was wir aber tun können, ist, diesen Samen zu versorgen mit allem, was er zum Gedeihen braucht — und dann mit Liebe und Interesse sein Werden zu begleiten.

Statt also zu überlegen, was wir uns für die Zukunft unserer Kinder wünschen, ist es hilfreicher, Klarheit darüber zu erlangen, welche Werte für uns bedeutsam sind. Darin steckt sogar das Weniger-ist-mehr-Prinzip, denn wenn wir uns unserer Werte bewusst sind, müssen wir

Werte statt Ziele

im Alltag viel weniger Entscheidungen treffen.

Es geht dabei um Werte, mit denen wir das Heute gestalten und von denen wir uns wünschen, dass sie unsere Kinder auch in Zukunft durchs Leben tragen. Damit sie ein gesundes Selbstwertgefühl entwickeln, das sich nicht nur dadurch bemerkbar macht, dass Menschen sich und ihre eigenen Gefühle und Wünsche kennen, sondern das ihnen ermöglicht, sich auch entsprechend zu verhalten. Dass sie also im Einklang mit sich und ihren Gefühlen sind.

Vielleicht sind es die vier Grundwerte, die Jesper Juul benennt, die auch für uns bedeutsam sind, also Gleichwürdigkeit, Integrität, Authentizität und Verantwortung.[8] Vielleicht geht es uns um ein respektvolles Miteinander? Wünschen wir uns ein verantwortungsvolles, selbstbestimmtes Leben? Ist Toleranz oder Hilfsbereitschaft für uns besonders wichtig? Jede Familie wird hier sicher andere Antworten finden.

Das klingt erst einmal nach einem dicken Brett, das wir da bohren sollen. Doch eigentlich ist es genau das Gegenteil! Denn wenn wir uns auf ein Fundament einigen, auf Werte, die uns leiten, wird das Leben mit Kindern um ein Vielfaches leichter werden. Weil wir nicht jede Entscheidung dahingehend überprüfen müssen, ob sie mit diesem oder jenem Erziehungsstil und -ziel übereinstimmt. Wir müssen nicht

Ein sicheres Fundament

ständig richtig liegen, nicht immer konsequent dieses oder jenes Ziel verfolgen. Wir dürfen auch mal länger aufbleiben, mehr Süßigkeiten essen, faul sein, aufs Tablet glotzen, viel zu laut Musik hören, die Gitarrenstunde schwänzen oder morgens lange im Bett liegen bleiben. Wir können uns so viel mehr Leichtigkeit erlauben, wenn wir wissen, dass wir grundsätzlich auf dem richtigen Weg sind. Darum rät etwa auch der New Yorker Psychologe Michael Brustein Eltern, sich eher an Werten statt an Zielen zu orientieren, um mit dem eigenen Perfektionismus besser umgehen zu können.[9]

Wer weiß, worauf es wirklich ankommt, kann über vermeintliche Fehler eben besser hinwegsehen. Wir schulen damit also unsere Egal-Kompetenz.

Ohnehin geschieht Erziehung genau dort, wo wir sie gar nicht vermuten – zwischen den Zeilen nämlich. Weil sich die Kinder an uns orientieren, intuitiv. Welche Fähigkeiten unsere Kinder im Erwachsenenleben haben werden, ob sie klarkommen im Leben, ist weniger das Resultat unserer Erziehung, als vielmehr der Art und Weise, wie wir unser Zusammenleben, unseren Alltag gestalten. Eine glückliche Kindheit ist vor allem das Produkt vieler schöner beiläufiger Momente. Und die Basis dafür legen wir Eltern, indem wir unseren Kindern beides geben: Wurzeln und Flügel. Einen Ort, an dem sie sich zugehörig fühlen und von dem aus sie in die Welt ziehen dürfen. Darum ist es hilfreicher, wenn wir die Entwicklung unseres Kindes weniger ängstlich beäugen und vielmehr unsere eigene Haltung hinterfragen. Unsere Aufgabe als Eltern ist es, den Kindern als Leuchttürme zu dienen, als Lotsen im Leben.

Die Entwicklungsbasis: Was wir beeinflussen können – und was nicht

Es ist die wohl grundlegendste Frage in der Entwicklungspsychologie und etwas, das vielen Eltern unter den Nägeln brennt: Welchen Anteil haben Anlage, also die biologischen Faktoren, und Umwelt, also die materielle und soziale Umgebung, an der Entwicklung unserer Kinder? Was können wir Eltern beeinflussen, was müssen wir als gegeben hinnehmen?

Die wichtigsten Forschungsergebnisse dazu kommen von der Hawaiianischen Insel Kauai. Dort hat eine Gruppe um Entwicklungspsychologin Emmy Werner 1955 eine einzigartige Untersuchung begonnen.

Kinder kommen mit Widrigkeiten zurecht.

Die Forschenden haben fast 700 Kinder und ihre Familien über 30 Jahre hinweg begleitet und spannende Erkenntnisse über die Entwicklung des Menschen zutage gefördert. Etwa diese: Während biologische Risikofaktoren die Wahrscheinlichkeit für spätere Schwierigkeiten erhöhen, scheint der Einfluss der häuslichen Umgebung noch bedeutsamer zu sein. Vor allem das Einkommen der Eltern, ihr Bildungsstand, ihre geistige Gesundheit und die Qualität der elterlichen Beziehung wirken sich auf die spätere Entwicklung des Kindes in hohem Maße aus.[10]

Für alle, die mit Problemen in das Abenteuer Familie starten, kommt hier eine ermutigende Erkenntnis: Waren die Bedingungen zu Hause gut, konnten sich nach den Erkenntnissen dieser Studie auch Kinder mit anfänglichen Startschwierigkeiten wie ernsten pränatalen oder geburtlichen Komplikationen gut entwickeln. Psychische Beeinträchtigungen traten in der Regel nur bei Kindern auf, die nicht nur biologischen, sondern auch umweltbedingten Risikofaktoren ausgesetzt waren.

Werners Team machte aber auch bei diesen Kindern eine interessante Entdeckung: Ein Drittel dieser Risikokinder wuchs trotz aller Widrigkeiten zu Erwachsenen heran, die im Leben gut zurechtkamen. Sie hatten die Fähigkeit, psychisch und physisch weitgehend gesund zu bleiben. Eine Fähigkeit, die wir heute mit dem Begriff Resilienz bezeichnen, der wörtlich mit Unverwüstlichkeit oder Widerstandsfähigkeit übersetzt werden kann.

Resiliente Kinder zeichnen sich durch hohe Intelligenz, Anpassungsfähigkeit, Gelassenheit, Flexibilität gegenüber Veränderungen und eine optimistische Sicht auf die Zukunft aus.

Doch nicht nur die persönlichen Eigenschaften spielen eine Rolle, sondern auch die Bindung ist entscheidend! Resiliente Kinder haben häufig zu mindestens einem Elternteil eine enge Bindung und weitere enge Beziehungen zu mindestens einem Erwachsenen abgesehen von den eigenen Eltern.[11] Was für eine erleichternde Erkenntnis! Selbst wenn es in unserem Leben also ganz schlecht läuft, haben unsere Kinder immer noch eine Chance, im Leben bestens klarzukommen.

Was aus Kindern einmal wird, ist also ein Zusammenspiel aus Anlage und Umweltfaktoren. Aus Samen und Dünger. Die Umwelt prägt Kinder, und das bereits im Mutterleib. Die Geburt, unser Zuhause, Kindergarten, Schule, Freundeskreise – all das nimmt Einfluss auf ihre Entwicklung. Auch der soziokulturelle Kontext spielt eine Rolle, also die historische Epoche, die ökonomische Struktur, die kulturellen Überzeugungen und Werte. Ein Baby ist daher immer auch das Kind seiner Zeit. Das biologische Erbe ist so etwas wie die Grundlage dafür, wer wir sind. Unsere Gene entscheiden über unser Aussehen und unsere Persönlichkeit. Sie entscheiden über die Farbe unserer Augen, über unsere Intelligenz und beeinflussen sogar unsere politischen Einstellungen.[12]

Bindung stärkt Resilienz.

»Kinder brauchen keine perfekte Umgebung.«

Psychologin und Neurobiologin Nicole Strüber

Und nicht nur beeinflusst unser genetisches Erbe unser Erleben und Verhalten. Wie wir inzwischen aus der Epigenetik wissen, geschieht es auch umgekehrt: Als Reaktion auf bestimmte Erfahrungen, etwa massiven Stress wie Hunger, Missbrauch oder Flucht, kann sich unser Genom verändern. Das Genom besteht nämlich nicht nur aus unserer DNA, darin enthalten sind auch Proteine, die bestimmte Gene regulieren, sie quasi an- und ausschalten können.[13] So werden auch Erfahrungen vererbt, die das Denken, Fühlen und Verhalten der folgenden Generationen beeinflussen.

> *Auch Erfahrungen werden vererbt.*

Dieses Wissen ist für manche Menschen ein echtes Schwergewicht. Sie machen sich Sorgen, dass nicht nur ihre Kinder, sondern sogar auch noch ihre Kindeskinder unter den Folgen der eigenen Belastungen leiden könnten. Dazu muss hier zum einen eingeordnet werden: Wir sprechen von schwerwiegenden Ereignissen, die sich epigenetisch auswirken können, also etwa Trauer durch den Verlust einer nahestehenden Person oder dauerhafte, starke Partnerschaftskonflikte. Gemeint sind nicht Alltagsstress, sportliche Belastungen oder eine gewisse innere Unruhe in der Schwangerschaft.

Zum anderen ist es wichtig zu wissen: Diese Veränderungen im Genom lassen sich auch wieder umkehren. Eine Forschergruppe aus Kanada zeigte etwa in Experimenten mit Ratten, dass sich die Stressreaktion im Genom nicht an die nächste Generation weitervererbt, wenn die Rattenkinder liebevoll von Adoptivmüttern umsorgt wurden.[14]

Ich finde dieses Wissen um den Einfluss der Epigenetik auch deshalb entlastend, weil es verdeutlicht, dass wir nicht die gesamte Verantwortung für das tragen, was im Innersten unserer Kinder geschieht. Es können auch die Erfahrungen unserer Vorfahren sein, die sich in den Gefühlen und im Verhalten unserer Kinder widerspiegeln.

Die Art, wie wir miteinander umgehen, trägt also auch auf epigenetischer Ebene entscheidend dazu bei, wie unsere Kinder aufwachsen – und macht einmal mehr deutlich, worauf es wirklich ankommt. »Kinder brauchen keine perfekte Umgebung. Keine Mutter, kein Vater kann immerzu feinfühlig und geduldig sein, manchmal ist der Alltag belastend, das können Kinder gut verdauen, wenn die Basis stimmt«, sagt Psychologin und Neurobiologin Nicole Strüber im Interview mit ELTERN.[15] Vieles von dem, was auf die Entwicklung unseres Kindes einwirkt, können wir vielleicht nicht beeinflussen. Doch die Basis können wir sehr wohl gestalten, denn das ist die Beziehung zu unseren Kindern.

Die Beziehungsbasis: Wie wir uns verbinden

Richtig umgesetzt, ist eine bindungsorientierte Elternschaft so etwas wie die Best-Practice-Anwendung des »Weniger-ist-mehr«-Prinzips. Konzentrieren wir uns von Anfang an aufs Wesentliche, nämlich eine sichere Bindung, ist die Chance auf mehr Gelassenheit im Familienalltag ziemlich groß — vor allem auf lange Sicht. Allerdings nur dann, wenn wir unter der Last nicht zusammenbrechen!

Säuglinge haben Grundbedürfnisse, die wir stillen müssen, und zwar unmittelbar. Sie brauchen neben Nahrung, Schlaf und Schutz auch Nähe und Geborgenheit. Bindungspersonen also, die feinfühlig reagieren und ihnen genau das geben, was sie dringend benötigen. Es spielt dabei keine Rolle, ob dies Vater oder Mutter, die leiblichen Eltern oder andere Personen sind. Die meisten Menschen bringen ganz von allein alles mit, um den Kindern einen guten Start ins Leben zu ermöglichen. »Eine sichere Bindung aufzubauen ist keine hochkomplizierte Wissenschaft, sondern ein natürlicher Prozess, der ganz von allein passiert, wo Eltern die Bindungssignale ihrer Kinder prompt und liebevoll beantworten«, sagt Professorin Fabienne Becker-Stoll, eine der renommiertesten Bindungsforscherinnen Deutschlands, im Interview mit ELTERN.[16]

»Eine sichere Bindung aufzubauen ist keine hochkomplizierte Wissenschaft.«

Prof. Fabienne Becker-Stoll

Und so haben auch Babys von Geburt an die Anlage dazu, eine gute Bindung zu den Menschen, die sich um sie kümmern, aufzubauen. Auch wenn es an unseren Nerven zerrt, so ist es hilfreich zu sehen: Ein Säugling, der so lange weint, bis er auf den Arm genommen wird, der nur in der Nähe seiner Bezugsperson einschläft, der Nahrung einfordert, sobald er hungrig wird, ist also überaus kompetent. Denn er fordert das ein, was er zum Überleben braucht. Ganz schön schlau also.

Was für eine entlastende Erkenntnis! Denn damit ist klar, dass wir erst einmal nichts falsch machen, wenn wir die Bedürfnisse unserer Kinder erfüllen. Wir können also gar nicht in die Falle tappen, vor der uns die älteren Eltern-Generationen immer warnen. Säuglinge können gar nicht zu sehr verwöhnt

Ein »Nein« kann liebevoll sein.

werden. Im Gegenteil: Wir müssen sie sogar mit Nähe und Geborgenheit verwöhnen, damit sie Vertrauen in ihre Umgebung und zu den Menschen fassen können, die sie umsorgen.

Tatsächlich ist es sogar so: Wenn wir in den ersten Jahren Zeit, Geduld und Verständnis aufbringen, ist die Wahrscheinlichkeit sehr groß, dass unser Leben nachhaltig leichter wird. Denn bindungssichere Kinder haben sowohl Selbstvertrauen als auch Vertrauen in ihre Umwelt, was wiederum eine wichtige Basis für ihre psychische Widerstandskraft, also Resilienz ist. Weniger Konflikte, mehr Ausgeglichenheit.

Werden die Kinder älter, ist es Aufgabe von uns Eltern, den Unterschied zwischen Wollen und Brauchen zu verstehen.

Auch ein liebevolles »Nein« kann sehr bedürfnisorientiert sein. Wenn das Kleinkind etwa ein Eis essen will, aber eigentlich Abendessen braucht. Wenn die Zweitklässlerin mit dem Rad allein zur Schule fahren will, für den Weg aber noch Begleitung braucht.

Doch die Gefahr ist groß, beim Thema Bindung in die Perfektionismusfalle zu tappen. Viele von uns wissen inzwischen um die Bedeutung der Bindung in den ersten Lebensmonaten und -jahren, was nicht selten dazu führt, dass wir gerade bei diesem Thema bloß keinen Fehler machen wollen. Und schwups ist es dahin mit all der Leichtigkeit! Noch schlimmer wird es, wenn uns Menschen ein »selbst schuld!« um die Ohren hauen, wenn wir offen zugeben, wie sehr uns diese Bindungsnummer auch auslaugen kann. Oder wenn wir mit den vermeintlichen Bindungs-Basics wie Langzeitstillen oder dem Familienbett hadern. Das kann ganz schön Druck machen.

Bindungsorientierte Elternschaft (auch Attachment Parenting, kurz AP, genannt) ist inzwischen in den Erziehungsidealen unserer Zeit fest verankert. Es gibt also eine gewisse Erwartungshaltung an uns Eltern, dass wir uns bindungsorientiert verhalten. Wobei gar nicht klar ist, was genau damit gemeint ist. Obwohl es eigentlich um eine grundsätzliche Haltung dem Kind gegenüber geht, glauben manche, nur wer stillt und das Baby im Tuch trägt, ist vollwertiges Mitglied der AP-Bewegung. Und nicht wenige machen daraus gleich einen Wettbewerb: Wer stillt am längsten, wer lässt die Kinder am längsten bei sich schlafen, wer verzichtet auf Kinderbetreuung? Und wer das nicht tut, so der Glaube, werde seinem Kind auf ewig Schaden zufügen.

Das ist natürlich Unfug. Aber es ist gar nicht so einfach, sich dagegen aufzulehnen. Die Erwartungen von außen wiegen nun einmal schwer auf unseren Schultern. Und weil wir um die Bedeutung von Bindung wissen, haben wir Angst, gerade an diesem Punkt zu versagen und gehen manchmal über unsere Grenzen hinaus. Aber wir sind keine Super-Eltern. Wir sind in erster Linie ziemlich erschöpft.

Meine älteste Tochter habe ich zum Beispiel noch so gestillt, wie es mir meine Hebamme damals empfahl: alle drei bis vier Stunden. Meine Jüngste stillte ich nach Bedarf — zweieinhalb Jahre lang. Das hatte viele Vorteile, zum Beispiel war das Einschlafen bei ihr nie problematisch, sie war so gut wie nie krank und überaus zufrieden mit sich und der Welt.

Es hatte aber auch Nachteile, allen voran meinen erheblichen Schlafmangel. Ich habe einfach drei Jahre lang nicht richtig geschlafen. Und ich gebe zu: Irgendwann war ich ziemlich am Ende! Wie zehrend das für Körper und Geist damals war, merke ich erst jetzt, wo ich meist sechs bis acht Stunden am Stück schlafen kann. So vital habe ich mich in all den Stilljahren nie gefühlt.

Bedürfnisorientierung ohne Selbstausbeutung

Augen zu und durch ist wirklich keine Lösung. Das Leben mit Kindern ist mühsam, das ist klar. Auch bedürfnisorientierte Elternschaft ist manchmal anstrengend. Eine dauerhafte Überforderung sollte sie nicht sein. Darum müssen wir uns klarmachen, dass es hierbei um eine grundsätzliche Haltung geht. Eine einzelne Handlung, etwa ob das Kind mal im Familienbett schläft oder nicht, spielt hierbei weniger eine Rolle.

Wichtig ist, die eigenen Grenzen zu erkennen — und zu wahren. Gelingende Beziehungen funktionieren nur dann, wenn wir die Bedürfnisse aller Familienmitglieder achten. Denn wir brauchen auch Zugang zu unseren eigenen, authentischen Gefühlen. Echte Feinfühligkeit lebe davon, dass wir sie uns auch selbst gegenüber zeigen, sagt auch Bindungsexpertin Becker-Stoll.[17] Um uns von unnötigem Ballast zu befreien, müssen wir also auch einige Bindungsirrtümer ausmisten.

Bindungsirrtümer, von denen wir uns verabschieden dürfen

1. Nicht nur der Anfang

Viele Eltern wünschen sich einen guten Start ins Familienleben — nicht selten allerdings führt das auch zu großem Druck. Was, wenn es direkt am Anfang schiefgeht? Einen Kaiserschnitt empfinden viele Frauen als Versagen. Daher ist gut zu wissen: Die Art der Geburt nimmt zwar Einfluss auf den Hormonspiegel, weswegen Mütter nach einer natürlichen Geburt häufig etwas feinfühliger sind als etwa nach einem Kaiserschnitt. Doch Bindung ist flexibler, als viele denken. Wir dürfen also mit mehr Gelassenheit auf dieses Thema schauen und uns immer wieder klarmachen, seit wie vielen Jahrtausenden Menschen auch unter sehr schwierigen Bedingungen Kinder zur Welt gebracht haben und sie trotzdem sicher ins Leben begleiten konnten. Inzwischen wissen wir auch aus der Forschung, dass Eltern und Kinder auch nach einem schwierigen Start eine sehr innige Bindungsbeziehung aufbauen können. Aber es geht auch anders herum: Eine sichere Bindung zu Beginn ist kein Garant dafür, dass es für immer so bleibt. Wir müssen also am Ball bleiben.

2. Nicht nur die Mama

Säuglinge brauchen Menschen, die sie umsorgen und die prompt auf sie reagieren. In den allermeisten Fällen ist es die Mutter, die diese Rolle übernimmt, sie wird damit zur wichtigsten Bindungsperson. Ein Umstand allerdings, der Mütter auch ganz schön ausbrennen kann, vor allem dann, wenn ausschließlich sie sich um den Säugling kümmern. Dabei hat die Natur das eigentlich ganz schlau gemacht: Wer genau die wichtigste Bindungsperson eines Babys ist, spielt gar keine große Rolle. Eine Geburt verändert nämlich nicht nur den Hormonhaushalt einer Mutter: Je intensiver und zärtlicher der Kontakt zu einem Kind ist, desto stärker steigt der Spiegel von Oxytocin, dem sogenannten Kuschelhormon, an — und zwar bei jeder Person, die sich innig um ein Kind kümmert.[18] Teilen beide Eltern die Verantwortung für ihr Baby unter sich auf und sind beide in der Lage, die Bedürfnisse ihres Kindes zu verstehen und adäquat darauf zu reagieren, werden beide Elternteile auch eine ähnlich starke Bindung zu ihrem Kind aufbauen.

Bindung ist flexibler als gedacht.

3. Nicht nur die Brust

»Stillen ist Liebe? Stillen ist Stillen!«, schreibt Mareice Kaiser,[19] und recht hat sie! Auch wenn Muttermilch grundsätzlich gut fürs Kind ist — eine gute Bindung gelingt auch ohne die mütterliche Brust.

4. Nicht nur zu Hause

Wir Menschen sind nicht dazu gemacht, Kinder allein großzuziehen. Unser ursprünglicher Familienplan baut auf das sogenannte Alloparenting:[20] Im Stamm kümmern sich nämlich nicht allein die biologischen Eltern um ihren Nachwuchs, sondern gleich mehrere Bezugspersonen übernehmen die Care-Arbeit.

Darum ist unser Bindungssystem offen, Babys und Kleinkinder können mehrere Menschen in den Kreis ihrer engsten Bindungspersonen aufnehmen. Welche das sind, hängt vor allem davon ab, wie viel Zeit diese mit dem Kind verbringen, und wie feinfühlig sie sind — wie gut sie in der Lage sind, adäquat auf die Bedürfnisse des Kindes einzugehen. Aus diesem Grund entscheidet sich die Frage, ob Kita und Co. gut fürs Kind sind, vor allem nach der Qualität der Betreuungseinrichtung.

5. Nicht nur das Kind

Je älter Kinder sind, desto länger können sie darauf warten, dass ihre Bedürfnisse gestillt werden. Und manchmal werden diese auch gar nicht gestillt. Wer mehrere Kinder hat, kennt die Situation: Das eine Kind wünscht sich Ruhe und Geborgenheit, das andere braucht Action auf dem Spielplatz. Und manchmal brauchen wir selbst etwas ganz anderes. Ich sehe das ähnlich wie beim Essen: Nicht immer ist jeder superzufrieden — gut ist es, wenn alle einigermaßen satt sind.

Damit wir uns nicht ständig überfordern, brauchen wir dringend einen Bedürfnisausgleich in der Familie. Wir müssen daher kein schlechtes Gewissen haben, wenn wir uns mal ausklinken, wenn wir mal nicht spielen oder vorlesen wollen. Wenn unser Tag anstrengend war, brauchen wir gerade vielleicht einfach mal eine halbe Stunde Ruhe und etwas Zeit für uns. Wir sind bessere Eltern, wenn wir uns auch um uns selbst gut kümmern. Unsere Kinder haben dann auch etwas davon.

Wie wir gelassener erziehen

Mit einer Basis aus gemeinsamen Werten und einer bindungsorientierten Sicht auf Elternschaft haben wir uns ein starkes Fundament gelegt. Das trägt uns sicher und hält uns auch dann, wenn es mal stürmisch zugeht. Denn das wird es! So sehr wir uns bemühen, das Zusammenleben mit Kindern ist manchmal ganz schön rau. Natürlich kenne auch ich stundenlange Kämpfe um Strumpfhosennähte, durchwachte Nächte mit Säugling auf dem Arm und sorgenvolle Tage mit fieberndem Kind im Bett. Da sind aber auch die unzähligen Momente mit gurrendem Baby in der Trage, mit lachenden Kindern auf dem Trampolin oder mit uns allen, unbeschwert auf dem Wohnzimmertisch tanzend.

Wir dürfen's leicht haben.

Familie ist wohl das größte Abenteuer unseres Lebens. Doch statt ständig Angst davor zu haben, etwas falsch zu machen, sollten wir uns erlauben, dieses Abenteuer lustvoll und in vollen Zügen zu genießen. Keine Frage: Familie ist kein Spaziergang. Und trotzdem dürfen wir es uns ganz leicht machen. Hier kommen fünf Dinge, die uns meiner Überzeugung nach mit größerer Gelassenheit auf die Themen Entwicklung und Erziehung blicken lassen.

Schleppen wir nur so viel Gepäck mit uns herum wie nötig

Wäre das nicht toll, wenn wir intuitiv stets die richtigen Entscheidungen treffen würden? So einfach ist es nur nicht. Unser Bauchgefühl nämlich speist sich aus dem, was wir als Norm wahrnehmen, sowie aus unseren eigenen Erfahrungen — und nicht immer waren das nur gute. Wenn wir selbst in schwierigen Verhältnissen aufgewachsen sind, zu Gehorsam erzogen wurden und wenig Geborgenheit erfahren haben, fällt es uns nicht unbedingt leicht, immer feinfühlig auf die Bedürfnisse unseres Kindes zu reagieren.

Doch wir dürfen uns Hilfe holen und uns damit von Altlasten befreien! Eine Psychotherapie kann uns helfen, unsere alten Wunden zu heilen und somit auch wirksam für unsere Kinder werden. Aber auch Kursleitungen, Hebammen oder Erziehungsberatungsstellen können uns unterstützen. Denn selbst wenn wir nicht unter den besten Voraussetzungen in unser Elterndasein starten, können wir zum Beispiel so etwas wie Feinfühligkeit noch lernen. Bei der Babymassage etwa üben Eltern, die Signale eines Säuglings zu erkennen und richtig zu interpretieren. Es gibt auch spezielle Bindungsseminare, etwa die SAFE-Elternkurse, entwickelt von dem Bindungsexperten Professor Karl Heinz Brisch.

Eltern, sorgt auch für euer eigenes Wohl!

Sagen wir Ja zu all dem, was wir sind – und nicht sind

Wir sind die Erwachsenen und tragen die Verantwortung für Wohl und Wehe unserer Familie. Unsere Aufgabe ist es, Leitwölfe zu sein, wie Jesper Juul sagt. Was wir aber nicht sein müssen, ist: Perfekt! So sehr wir uns bemühen: Unzählige Male werden wir Bedürfnisse nicht erfüllen, seien es die unserer Kinder oder unsere eigenen. Wir werden scheitern. Weil es dazugehört. »Kinder haben keine Probleme mit Fehlern, solange wir die Verantwortung dafür übernehmen und zu unserer Verwirrung und unseren Grenzen stehen«, sagte Jesper Juul in einem Interview mit der SZ.[21] »Dieser gemeinsame Lernprozess macht sehr gute Beziehungen. Wenn ich der Lehrer bin und er der Schüler, haben wir keine Beziehung, dann spielen wir Rollen.«

Akzeptieren wir also unsere eigene Fehlerhaftigkeit und fangen wir gar nicht erst an, von uns Perfektion zu erwarten. Liegen wir mal daneben, haben wir uns im Ton vergriffen, hilft eine aufrichtige Entschuldigung. Damit haben die Kinder sogar etwas von unseren Fehlern: Im besten Fall lernen sie nämlich, wie man sich entschuldigt. Eine Fähigkeit, die sie durchs Leben trägt.

Hilfreich für uns ist es auch zu akzeptieren, dass wir nicht immer eine Antwort haben können. Das Leben ist an vielen Stellen kompliziert und selten eindeutig. Es gibt oft nicht die eine richtige Antwort, die eine richtige Reaktion. Wir Eltern brauchen also weniger Erwartungen an uns, dafür aber mehr von dem, was Psychologen Ambiguitätstoleranz nennen. Gemeint ist damit die Fähigkeit, mit Unsicherheiten und Mehrdeutigkeiten umzugehen. In einer immer komplexer werdenden Welt ist das so etwas wie eine Superkraft.

Und bleiben wir realistisch. Begegnen wir unseren Kindern mit Respekt, bemühen wir uns darum, ihre Bedürfnisse zu sehen und mit den unsrigen in Einklang zu bringen, gelingt uns schon eine ganze Menge! Wenn wir akzeptieren, als Eltern einfach okay zu sein, dürfen auch unsere Kinder einfach okay sein.

Denn auch ihnen gelingt eine ganze Menge. Selbst wenn sie vordergründig schwierig oder unangepasst sind, so sind sie immer kompetent. Sie manipulieren uns nicht, sie wollen uns nicht ärgern. Erinnern wir uns an den Abschnitt zur Toxic Positivity: Weder wir Eltern, noch die Kinder können immer nur fröhlich und harmonisch sein. Frust, Ärger, Wut – das sind wichtige Emotionen. Kinder brauchen Raum dafür. Und wir brauchen manchmal eben gute Nerven und den Blick dafür, worum es wirklich geht. Das Wesentliche eben.

Negative Gefühle sind erlaubt.

Gehen wir vom Besten aus

Seit rund 300 000 Jahren werden Menschen geboren, wachsen heran und setzen irgendwann wieder Kinder in die Welt.

In all diesen Jahren haben sie eine erstaunliche Entwicklung vollzogen. Sie haben Sprechen gelernt, Werkzeuge erfunden, Häuser gebaut und Computer miteinander vernetzt. Kinder, die in den Weiten der Tundra groß werden, lernen zu laufen, zu rennen, zu sprechen, mit anderen zu streiten und sich wieder zu versöhnen, genau wie die Kinder in den Favelas Brasiliens oder in den Straßen von Berlin. Wenn ich mir unsicher bin, ob bei uns noch alles in den richtigen Bahnen läuft, denke ich an all die unterschiedlichen Bedingungen, unter denen Kinder heranwachsen und gedeihen. Und dann komme ich schnell zu der Einsicht: Wir haben allen Grund, ins Leben zu vertrauen.

Sind wir unseren Kindern Heimatgeber, schenken wir ihnen Liebe und Zugehörigkeit und lassen sie ins Leben starten, haben wir die beste Basis geschaffen. Wir werden sie nicht vor Herausforderungen im Leben schützen können, stattdessen schaffen wir mit einer guten Beziehung etwas viel Wichtigeres: Wir geben ihnen das Rüstzeug mit, um diese Herausforderungen selbst meistern zu können. Weil sie Vertrauen fassen, in sich und in die Welt, in der sie sich zurechtfinden müssen.

Reduzieren wir den Stress – akut und grundsätzlich

Stress reduzieren wir am besten, indem wir unser Leben nachhaltig entschleunigen, also ein Leben schaffen, das sich bewältigbar anfühlt. Darum ist es so wichtig, den Alltag zu entrümpeln von dem Zuviel an Dingen und Terminen, und unsere Zeit, Energie und Aufmerksamkeit dem Bedeutsamen zu schenken. Einen weniger stressigen Alltag, mehr Unterstützung von außen — mit dieser Lösung kriegen wir die allermeisten Probleme im Familienalltag in den Griff.

Ins Leben vertrauen

Trotzdem werden wir immer wieder mit unseren Kindern in Situationen geraten, die uns kolossal stressen. So sehr wir es uns wünschen, wir können nicht immer gelassen über jede konflikthafte Situation hinweggehen. Kinder brauchen uns als authentische Sparringspartner. Sie sollten von uns nicht lernen, Gefühle zu unterdrücken. Aber ständige Wutausbrüche sind auch keine Lösung. Fangen wir an zu schreien, ist das für unsere Kinder schmerzhaft. Damit wir nicht völlig ausflippen, hilft uns in Stresssituationen eines: fünf Atemzüge! Einatmen. Ausatmen. Einatmen ... Tatsächlich ermöglicht eine ruhige Atmung unserem Gehirn, einen Gang herunterzuschalten. Das löst keine Konflikte, lässt uns aber mit klarerem Kopf reagieren.

Statt Grenzen ziehen lieber auf Beziehung setzen

Es gibt einen großen Unterschied zwischen Gleichgültigkeit und Gelassenheit. Die Kunst ist es, an den wesentlichen Punkten präsent zu sein — und über vieles andere wohlwollend hinwegzublicken. »Kinder brauchen keine Grenzen, um sich gut entwickeln zu können. Sie brauchen aber Beziehungen zu Menschen, die Grenzen haben.« Auch das sagte Jesper Juul. Wo höre ich auf, wo fängt der andere an — das lernen Kinder nicht durch Belehrung, sondern durch Erfahrung, durch Beziehung. Und diese Beziehung hat nichts mit Macht zu tun. Es geht nicht darum, den Kindern unseren Willen aufzudrücken, sondern auf Augenhöhe mit ihnen zu kommunizieren — und sich trotzdem immer klar zu sein: Wir Erwachsenen tragen die Verantwortung für die Qualität der Beziehung.

Weil unsere Energiereserven begrenzt sind, sollten wir mit Bedacht auswählen, welche Kämpfe wir wirklich ausfechten wollen. Minimalismus heißt, Ressourcen zu schonen, vor allem die eigenen. Eine Kunst übrigens, die mich vor allem meine jüngste Tochter lehrte. Ich spreche auch gern vom Dritte-Kind-Syndrom. Es gibt Dinge, die mir wichtig sind, etwa wie wir miteinander umgehen oder die Sicherheit im Straßenverkehr. Rennt meine Tochter einfach auf die Straße, werde ich richtig laut. Ein ganz klares Signal: Das geht nicht! Weniger wichtig ist mir, ob die Jacke zu den Schuhen passt oder ob überhaupt die Schuhe zusammenpassen. Hier lasse ich sie gewähren, um meiner Nerven willen. Die Kinder so aus dem Haus gehen zu lassen, wie sie es selbst möchten, ist übrigens auch eine gute Übung, um das Abgrenzen vom Außen einzuüben. Die Blicke, wenn meine Tochter wie ein ausgespuckter Regenbogen durch die Straßen läuft, nehme ich sehr wohl wahr — nur stören sie mich längst nicht mehr.

> *Fünf Atemzüge lassen uns herunterschalten.*

> **Tipp: Leseempfehlung**
>
> In ihrem Buch *Erziehen ohne Schimpfen* erklärt Nicola Schmidt, warum wir im Stress nicht erziehen können und welche Strategien helfen, um stressfreier durch den Alltag mit Kindern zu kommen.

Organisieren

Weniger Druck, mehr Zeit

Der Familienalltag ist eine Mammutaufgabe und nichts für schwache Nerven. Wir sind Familienmanagerinnen und -manager und kennen wohl alle dieses ewige Rattern im Kopf. Die To-do-Listen, die immer länger werden, und den Druck, der immer größer wird. Ja nichts vergessen, ja nichts verpassen. Doch gefangen in diesem Hamsterrad laufen wir Gefahr, etwas Wichtiges zu vernachlässigen: die Freude an unserem Familienleben.
Es ist Zeit, auszusteigen!

W as für wunderbar entspannte Eltern wir wären, gäbe es ihn nicht, diesen Alltag. Dieses tägliche Leben mit all diesen vielen kleinen und großen Aufgaben, mit der Uhr im Nacken und den Sorgen im Kopf. Nie genug Zeit zu haben für die Kinder, die Arbeit, die Partnerschaft, die Freunde, das Hobby, das Ehrenamt oder gar für sich selbst. Dieser Alltag, in dem wir nachts wach liegen, weil wir Gedanken darüber wälzen, was wir am kommenden Tag wieder nicht schaffen werden. In dem uns ständig dieses Gefühl der eigenen Unzulänglichkeit begleiten wird. In dem wir wieder nicht genug sein werden.

Überforderung, Zeitmangel, Stress — das Erschreckende daran ist, dass wir das gar nicht mehr infrage stellen. Nein, wir halten das für normal, sogar für erstrebenswert. Wer Stress hat, der macht, der leistet etwas. Zwei berufstätige Elternteile, Kinder mit Hobbys und Freunden, ein veritables Sozialleben, das kostet nun mal Zeit und Energie. Ist doch klar, dass wir dabei auf Hochtouren laufen. Können wir das Tempo nicht mehr halten, schauen wir zuerst bei uns: Was können wir tun, damit wir das erreichen, was alle anderen doch auch irgendwie schaffen? Wir müssen uns mehr anstrengen, uns besser organisieren, Abläufe optimieren, hart arbeiten und entspannt aussehen, dann wird das schon! Und so verwechseln wir jeden Tag aufs Neue ein volles mit einem erfüllten Leben.

Manchmal lohnt es sich, einen Schritt zurückzutreten und das tägliche Leben aus der Entfernung zu betrachten. Die vielen Dinge, Zuständigkeiten, Termine und Kontakte sind ähnlich wie unser Besitz wie durch Bindfäden mit uns verbunden. Sie stellen nicht unseren Wohnraum zu, aber unsere Zeit. Sie kosten uns etwas.

Vielleicht hatten wir schon eine Familienvision, eine Vorstellung davon, was für eine Mutter, was für ein Vater wir sein wollten. Und nun stellen wir fest, dass uns das an vielen Stellen nicht gelingen will. Irgendwie ist alles viel zu viel. Doch was ist es eigentlich, das uns daran hindert, genau die Mutter, genau der Vater zu sein, der wir sein wollen? Nur wenn wir uns das zu fragen erlauben, können wir auch Antworten finden — und daran etwas ändern.

> »Das ist kein Zeitproblem, das wir haben. Es ist ein Problem der Zuschreibung von Bedeutsamkeit.«
>
> Gerald Hüther

Deshalb ist dieses Kapitel kein Management-Summary für einen agilen Workflow und die perfekte Performance im Familienbusiness. Vielmehr ist es eine Einladung dazu, die Erwartungen an uns und unsere alltäglichen Aufgaben auf den Prüfstand zu stellen und Zuständigkeiten neu zu verhandeln. Damit wir uns die Deutungshoheit darüber, was wirklich wichtig für uns ist, zurückerobern. Damit es uns ganz im Sinne des Minimalismus gelingt, dem Bedeutsamen in unserem Leben wieder mehr Platz einzuräumen und so den Alltag überschaubarer zu gestalten.

Ein Umstand übrigens, von dem nicht nur wir Erwachsenen profitieren.

Erfüllt sollte das Leben sein, nicht voll.

Wie oft sind wir im Kontakt mit unseren Kindern ungeduldig, genervt und gehetzt, weil unser Kopf zu platzen droht vor all den Dingen, die wir noch glauben erledigen zu müssen. Unsere Kinder können nichts dafür, unser Stress aber wird zu ihrem. Daher sollten wir auch in ihrem Sinne das Ziel verfolgen: weniger Stress, mehr Gelassenheit im Alltag.

Die Sache mit der Mental Load

Den meisten Frauen müsse man die Bedeutung des Begriffs Mental Load gar nicht erklären, sagt Psychologin und Buchautorin Patricia Cammarata im Interview mit der Zeitschrift ELTERN family.[1] Erstmals hatte die französische Illustratorin Emma mit ihrem Comic »You should've asked« 2017 das Thema in die Öffentlichkeit gebracht.[2] Dann halfen Cammarata oder auch die Autorin Laura Fröhlich dabei, dem Gefühl, das viele Mütter in Deutschland kannten, endlich einen Namen zu geben. Mental Load — das sind die vielen inneren To-do-Listen. Das ewige Rattern im Kopf, mit einem knarzenden Refrain voller Fragen, etwa: Haben wir noch Nudeln? Wo sind die Matschhosen? Erziehen wir jetzt ohne Schimpfen? Was schenken wir der Cousine? Andreas und Aline haben Hochzeitstag. Merle braucht noch einen Osteopathie-Termin. Und Fritz muss zum Kieferorthopäden. Anmeldung für den Gitarrenunterricht schon ausgefüllt? Wir brauchen eine Lösung für das Chaos im Kinderzimmer. Und wann haben wir wieder Sex?

Dieses ewige Rattern im Kopf

Nein, Familie funktioniert nicht einfach so. Es gibt unzählige Mikroaufgaben, an die es zu denken, die es zu organisieren und auszuführen gilt. Hinzu kommen Unmengen an Möglichkeiten, Dinge auch noch ganz anders anzugehen, zu verbessern. Das macht uns müde. Entscheidungsmüde. Ein Begriff, der in der Arbeitswelt gern gebraucht wird. Manager sind müde, weil sie so viele Entscheidungen zu treffen haben. Und noch ein weiteres Manager-Phänomen ist bei vielen Müttern verbreitet: der Burn-out.[3]

Schließlich machen sie nichts anderes als die Manager der großen Firmen: Sie treffen ständig Entscheidungen und halten die Fäden in der Hand. Nur bekommen sie dafür weder Geld noch Anerkennung. Ich schreibe hier bewusst von Müttern, denn noch immer sind sie es, die in heterosexuellen Beziehungen zumeist den Posten der Familienmanagerin übernehmen — unabhängig davon, wie viele Stunden sie selbst in Erwerbsarbeit investieren.

Wollen wir über die Lasten des Alltags sprechen, kommen wir um

das Thema Gleichberechtigung nicht herum. Die Verteilung der Mental Load ist immer auch eine Aushandlung von Rollenzuschreibung. Obwohl die meisten Männer und Frauen inzwischen durchaus wissen, dass es weder ein Hausarbeits- noch ein Kümmer-Gen gibt, obwohl Frauen heute genauso gut oder sogar noch besser ausgebildet sind als Männer, schieben wir Haushalt und Kinder immer noch in den Verantwortungsbereich der Mutter.

Das muss nicht so sein. »Die Lösung kann natürlich nicht sein, dass Mütter nun Väter werden. Die Lösung kann aber sein, dass Mütter und Väter Eltern werden«, schreibt Autorin Mareice Kaiser.[4] Und die Vorteile einer gerechteren Aufgabenteilung liegen auf der Hand: Die Last des Familienmanagements wird geringer, wenn sie eben nicht nur auf einem Paar Schultern liegt, sondern auf zwei. Aber auch die Kinder profitieren davon, wenn Väter und Mütter gleichermaßen für Haushalt und Einkommen verantwortlich sind, schließlich sind die Eltern Rollenvorbilder.

Schwingt also auch Papa zu Hause selbstverständlich den Putzlappen und fährt die Tochter zur Ballettstunde, ist die Wahrscheinlichkeit groß, dass die Kinder später eine ähnlich egalitäre Aufgabenteilung anstreben.

Aber nicht nur das: Auch die Beziehungsqualität zwischen Eltern und Kindern steigt, wenn beide Elternteile zu Hause präsent sind. Vor allem die Vater-Sohn-Beziehung ist enger, wenn der Vater aktiv am Familienleben teilnimmt. Dazu bedarf es aber mehr, als nur den Weg zum Supermarkt zu

> »Die Vorteile einer gerechteren Aufgabenteilung liegen auf der Hand: Die Last des Familienmanagements wird geringer, wenn sie nicht nur auf einem Paar Schultern liegt.«
> Leonie Schulte

Kroes' Tipps für eine Kommunikationsbasis

- Eine wichtige Haltung ist, dem anderen zunächst immer das Gute zu unterstellen.
- Im Alltag können wir auf regelmäßige Wertschätzung des anderen achten – in Worten und Taten. Etwa durch die 5:1-Regel nach John Gottman, die besagt: Eine negative Interaktion kann durch fünf positive kompensiert werden. Dazu zählt auch, sich bei dem anderen zu bedanken – oder zu entschuldigen. Klingt banal? Probieren Sie es aus, die Wirkung ist verblüffend!
- Dem anderen mit Respekt begegnen und seine Grenzen und Wunden achten.
- »Jeder Jeck ist anders« – dieser Spruch trägt viel Wahrheit in sich. In der Paarbeziehung hilft es, die Andersartigkeit des anderen zu akzeptieren und bestenfalls zu lieben. Denn wir wissen: Ich kann meinen Partner nicht ändern, aber mich selbst.
- Bleiben Sie neugierig auf den anderen. Interessieren Sie sich für neue Seiten, fragen Sie nach.
- Partnerschaft braucht Pflege und einen Raum: Sich füreinander Zeit nehmen, feste Zeiten einräumen (auch in schlechten Zeiten), etwa ein fester Paartag in der Woche, gemeinsame Erlebnisse und Aktivitäten haben. Das können auch kleine Alltagsrituale sein, etwa ein gemeinsamer Spaziergang oder der Kaffee nach dem Mittagessen. Auch das verbindet.

übernehmen. »Wenn man eben über Aufgabenverteilung zwischen Mann und Frau spricht, sagt der Mann oft: Ich mache doch den Wocheneinkauf!«, sagt mir Psychologin Cammarata im Interview.[5] »Das stimmt, der Wocheneinkauf ist das sichtbare To-do. Aber dahinter steckt ganz viel Mental Load, nämlich Überlegungen wie: Was haben wir letzte Woche gekocht? Was wollen wir nächste Woche essen? Muss etwas aufgebraucht werden? Wie ist das mit Gemüse und Obst? Wir wollen die Kinder ja schließlich gesund ernähren. Das sind alles Vorüberlegungen, die wie bei einem Eisberg unter der Oberfläche liegen und die man nicht sieht. Das Abarbeiten der Einkaufsliste ist also nur die Spitze des Eisbergs.«

Ein wesentlicher Teil der Mental Load ist also die ungerechte Verteilung der Verantwortung für die Denk- und Gefühlsarbeit. »Wir streiten nicht um die To-dos, sondern ums Alleingelassenwerden«, schreibt dazu Cammarata in ihrem Buch.[6] Der Mann ist eben trotz allem noch allzu oft Zaungast im Familienleben. Wollen wir das ändern, müssen wir die Rollen neu verhandeln.

Wie wir ins Gespräch kommen

Vielleicht hatten wir schon von Anfang an eine Idee, wie wir als Familie zusammenleben wollen. Wie wir als Eltern die Rollen verteilen wollen. Vielleicht sind wir mit dem Plan gestartet, es möglichst gerecht zugehen zu lassen. Dann aber kommt der Alltag und darüber spielen sich Zuständigkeiten ein. Und manchmal merken wir: Das, was wir uns als Plan zurechtgelegt hatten, das passt für uns gar nicht mehr.

Denn was wirklich auf uns zukommen wird, wie viel Freude und wie viel Verzweiflung dazugehören, haben wohl die wenigsten gewusst. Weder hatten wir eine Ahnung davon, wie zäh Regentage mit Baby werden können, noch konnten wir ahnen, wie stark die Sehnsucht nach unserem Kind sein wird, wenn wir wieder mit dem Job anfangen. Nur weil wir zu Beginn unseres Elterndaseins Entscheidungen aufgrund bestimmter Rollenverständnisse getroffen haben, nur weil es in den vergangenen Monaten und Jahren so selbstverständlich geworden ist, wie wir die Zuständigkeiten aufteilen, heißt das nicht, dass sich das heute immer noch stimmig für uns anfühlen muss.

Ein Umstand, den auch wir als Familie erlebt haben. Vermutlich hat es auch mit der Recherche zu diesem Buch zu tun. In den vergangenen Jahren habe ich immer wieder zu Mental-Load-Themen geschrieben, aber mich noch nie so tiefgehend damit befasst. Beim Lesen der einschlägigen Literatur fühlte ich mich immer wieder ertappt. Obwohl wir uns als gleichberechtigt wahrnehmen, sind auch in unserer Partnerschaft die Lasten längst nicht gleichberechtigt verteilt. Hallo, alte Rollenmuster! Weil das nicht so bleiben sollte, forderte ich den Wir-müssen-reden-

Der Wir-müssen-reden-Abend

Abend ein. Und der ist, nun ja, krachend gescheitert. Außer Streit und Ärger blieb nicht viel übrig.

Zu meinem Glück gehört, dass ich im Zuge meiner Recherchen mit klugen Menschen darüber sprechen konnte, wie man solche Situationen besser löst. Denn bevor Paare die Aufteilung der Alltagsaufgaben sinnvoll verhandeln können, brauchen sie eine stabile Kommunikationsbasis, sagt Paar- und Familientherapeutin Cornelia Kroes.

Gescheitert ist unsere Kommunikation auch, weil ich etwas Wesentliches nicht bedacht hatte: meinen Wissensvorsprung. Während mein Mann eine vage Vorstellung davon hatte, was ich unter dem Begriff Mental Load verstehe, legte ich ihm eine Excel-Tabelle vor, die ich bei Laura Fröhlich gefunden hatte. Ihre Steuerboard-Liste[7], in der sie und ihr Mann die alltäglichen To-dos zusammengetragen haben. Mein Mann, der nach seinem Empfinden gleichberechtigt mit mir Kinder, Haushalt und Job teilte, fühlte sich damit überfahren.

So ein Überfall ist also die denkbar schlechteste Idee, um mit dem Partner oder der Partnerin Dinge neu zu verhandeln. Besser ist es, offener ins Gespräch zu gehen, sagt Therapeutin Kroes. Ist der erste Anlauf gescheitert, sieht sie keinen Grund, aufzugeben. Solange die Basis stimmt, könnten Paare Fehler in der Kommunikation immer wieder ausgleichen.

Wie wir uns aufteilen

Meist kommt der Einspruch, Männer würden sich heute doch deutlich mehr beteiligen. Manche sagen ihn sogar noch, diesen Satz: »Mein Mann hilft«, oder diese sagen selbst: »Ich helfe doch, wo ich kann.« Genau dieser Satz macht deutlich, wem die Hauptverantwortung zu Hause zugesprochen wird: nämlich der Frau. Diese Rollenaufteilung haben wir so gelernt und noch leben wir in einem System, das diese sogar finanziell unterstützt (Stichwort Ehegattensplitting). Doch zu Hause können wir uns jeden Tag aufs Neue entscheiden, es ab heute anders zu machen. Es ist also nie zu spät, echte Komplizen zu werden. Doch auf dem Weg zur Gleichberechtigung gilt es, noch ein paar Hürden zu nehmen.

Die Aufteilung muss nicht 50:50 sein.

Die Zuständigkeiten auszuhandeln ist anstrengender als vor 50 oder 60 Jahren, als die Rollen klar verteilt waren. Aber es lohnt sich — für alle Mitglieder in der Familie. Es schweißt zusammen, schafft Nähe. Und entlastet! Dabei muss eine gleichberechtigte Elternschaft keine strenge 50:50-Aufteilung bedeuten. Was fair ist, das handeln die Partner selbst aus.

Und Gleichberechtigung ist sogar schon in der Schwangerschaft möglich, erklärt mir Autorin Isabel Robles Salgado. »Viele Frauen denken: Ich habe das Baby im Bauch, das ist gerade mein Business. Aber man könnte auch als Vater nicht nur die Frau zu den Untersuchungen begleiten, sondern sagen: Du trägst das Kind ja schon aus, ich kümmere mich um den Rest.«[9] Dieser Rest könnte sein, Vorbereitungskurse rauszusuchen, die Anmeldung für die Geburt zu übernehmen oder die Kinderwagen-Recherchen abzuschließen. »Es geht ja ganz viel darum, dass sich Väter auch verantwortlich fühlen«, so Salgado.

Gemeinsam mit Marie Zeisler hat sie das Buch *fifty fifty Eltern* veröffentlicht. Darin schreiben die Autorinnen über die Vorzüge einer gleichberechtigten Elternschaft. Außerdem enthält das

Patricia Cammarata
gliedert die Arbeitsteilung zu Hause in vier Stufen:[8]

Stufe 1: Der Partner atmet, schläft, benutzt das Badezimmer.

Stufe 2: Der Partner hilft im Haushalt und mit den Kindern.

Stufe 3: Der Partner erledigt seine 50 Prozent To-dos in Sachen Haushalt und Kinder.

Stufe 4: Der Partner übernimmt seine 50 Prozent Verantwortung in Sachen Haushalt und Kinder.

Kroes' Tipps, um über alltägliche Belastungen zu sprechen:

- Eigentlich total logisch, trotzdem vergessen wir das oft: Der andere kann nicht Gedanken lesen! Darum müssen wir uns mitteilen, und zwar konkret, und zuhören wollen.

- Die Hobelspäne des Alltags sollten Sie direkt entsorgen. Also Ärger nicht sammeln, sondern direkt und damit dosiert rückmelden.

- Gespräche scheitern häufig daran, dass einer denkt, er hätte kolossal recht. Statt Alternativlosigkeit braucht die Kommunikation aber Offenheit: Der andere hat das Recht, einer anderen Meinung zu sein.

- Bleiben Sie sich treu, seien Sie in rücksichtsvoller Art authentisch. Das heißt, dass Sie selbst die Verantwortung für Ihr Wohlergehen haben. Es hilft niemandem, wenn Sie Ihre Wünsche und Bedürfnisse verleugnen, aus Angst, die Harmonie der Beziehung zu stören.

- Absprachen für den Alltag sollten Sie regelmäßig treffen und konkret formulieren.

- Seine Wünsche/Bedürfnisse wahrnehmen, äußern und verhandlungsbereit sein, unter Wahrnehmung der Wünsche des anderen.

- Paare brauchen ein gutes Missverständnismanagement. Das heißt, vor einem Gegenangriff Ruhe reinbringen und lieber noch mal nachfragen: »Wie meinst du das?«, »Erklär noch mal genauer«, »Habe ich richtig verstanden, dass …?«

- Beobachtung von Bewertung trennen. Statt »Nie bist du da, wenn ich dich brauche«, ist es besser zu sagen: »Heute morgen hätte ich deine Hilfe gebraucht, um die Wasserkisten aus dem Auto zu schleppen. Ich würde mir wünschen, dass du das übernehmen könntest.«

- Gefühle haben immer recht, sie sind begründet. Gefühle sind aber erst einmal weder gut noch schlecht, sondern eine Reaktion auf etwas, was es herauszufinden gilt. Statt also zu sagen: »Das ist jetzt kein Grund, sich aufzuregen«, lieber fragen: »Warum bist du wütend? Erklär mir das. Ich möchte dich verstehen.«

- Friedensangebote machen — und annehmen.

Buch wunderbare Checklisten über Aufgabenverteilung, Rollenvorstellungen und einen Test für Väter, die helfen herauszufinden, wie involviert sie tatsächlich sind. Inspiriert von diesen Checklisten kommt hier eine kleine Aufgabe für die Männer.

Quiz für aktive Väter

- Welche Kleidergröße hat das Kind gerade?
- Wie heißt sein bester Freund im Kindergarten?
- Wie heißen die Eltern des besten Freundes?
- Ist Schimpfen eigentlich okay?
- Wann ist die nächste U-Untersuchung beim Kinderarzt?
- Sind noch genügend Feuchttücher da?
- Der Zweijährige will seine Spielsachen nicht teilen — was mache ich?
- Wo sind die Matschhosen?
- Wann habe ich das letzte Mal einen Arzttermin für Kind oder Frau ausgemacht (ohne dazu aufgefordert worden zu sein)?

Aufgaben sichtbar machen

Ein großes Mental-Load-Problem ist: Vieles läuft im Hintergrund, geräuschvoll vielleicht, aber doch unsichtbar. Nehmen wir Cammaratas Beispiel mit dem Einkauf. Wohl kaum machen wir uns bewusst, welche Denkprozesse wir bereits vollzogen haben, wenn wir im Supermarkt die Salatgurken in den Einkaufswagen legen. Der Eisberg eben, den sieht unser Partner nicht, oft übersehen wir ihn aber auch selbst. Der erste Schritt, um Mental Load zu reduzieren und besser zu verteilen ist, sie überhaupt erst sichtbar zu machen. Hier eine kurze Übung:

Tipp: Schließen wir für zwei Minuten die Augen und gehen die innere To-do-Liste durch. Konkretes. Grundsätzliches. Schreiben wir es auf.

Das ist nur die Essenz aus zwei Minuten. Laura Fröhlich und ihr Mann Anton sind auf rund 200 To-dos gekommen, als sie sich einmal ausreichend Zeit dafür genommen haben, die Dinge aus dem Kopf auf Papier zu bringen. Schreiben wir es auf, führen wir uns im wahrsten Sinne vor Augen, was wir da täglich alles mal mehr, mal weniger erfolgreich bewältigen. Es zeigt auch dem weniger involvierten Partner, was im Hintergrund tatsächlich alles rattert.

Großzügig streichen

Besinnen wir uns zunächst auf die Ausgangsfrage: Welche von all diesen Aufgaben brauchen wir wirklich? Und in welchem Ausmaß? Die Antworten darauf werden sehr verschieden sein. Dem einen Elternpaar ist frisch gekochtes Bio-Essen wichtig, andere haben ein großes Bedürfnis nach Sauberkeit und Ordnung. Das hat alles seine Berechtigung, schließlich sollten wir uns wohlfühlen in unserem eigenen Leben. Hilfreich ist, sich dabei immer wieder zu fragen: Für wen mache ich das? Im besten Fall für uns selbst, weil es uns Freude bereitet. Allzu oft allerdings wollen wir den Erwartungen anderer entsprechen. Oder wir glauben, die Dinge nun einmal so machen zu müssen. Sie werden uns ja auch zugeschrieben. Ist der Haushalt nicht in Ordnung, wird kaum einer sagen: »Oh, der Christian, der hat das hier aber nicht im Griff!« Deshalb sollten wir über unsere Aufgabenliste einen Filter laufen lassen. All das, was wir tagtäglich tun, weil wir irgendwelchen absurden Erwartungen entsprechen wollen, können wir großzügig streichen.

Das ist natürlich ein Prozess. Es wird uns nicht sofort gelingen. Wir dürfen nicht nur gütig, sondern auch geduldig mit uns sein. Ähnlich wie beim Abnehmen ist auch hier der längere Weg der nachhaltigere. Das bedeutet auch, dass wir unsere To-do-Listen immer wieder aufs Neue auf den Prüfstand stellen sollten.

Das erfordert übrigens auch jede Menge Mut. Denn wenn wir erst einmal anfangen, Aufgaben und Zuständigkeiten zu streichen, könnten wir damit anderen ganz schön auf die Füße treten. Pfeifen wir beim nächsten Elternabend darauf, uns freiwillig zu melden, organisieren wir nicht mehr das Treffen mit den Freundinnen und lassen von nun an unseren Partner oder unsere Partnerin die Kommunikation mit den Familienmitgliedern übernehmen, enttäuschen wir vielleicht die ein oder andere Person in unserem Umfeld. Das sollte uns nicht davon abhalten, in uns hineinzuhorchen und Dinge anders zu gestalten. Es könnte aber hilfreich sein, mit dem Unmut der anderen zumindest zu rechnen.

Die Kunst ist es, herauszufinden, was für uns wirklich bedeutsam ist. In der Wirtschaft spricht man zum Beispiel von den High-Value-Activities, also jenen Aufgaben, die einen hohen Wert haben. Welchen Dingen wir welche Bedeutung, also welchen Wert beimessen, ist jedoch sehr verschieden. Eine alleinerziehende Mutter von vier Kindern wird andere Antworten finden als ein Ehepaar mit einem Schulkind. Manchen hilft beim Priorisieren auch die berühmte Eisenhower-Matrix:

Zum Weglassen braucht es Mut.

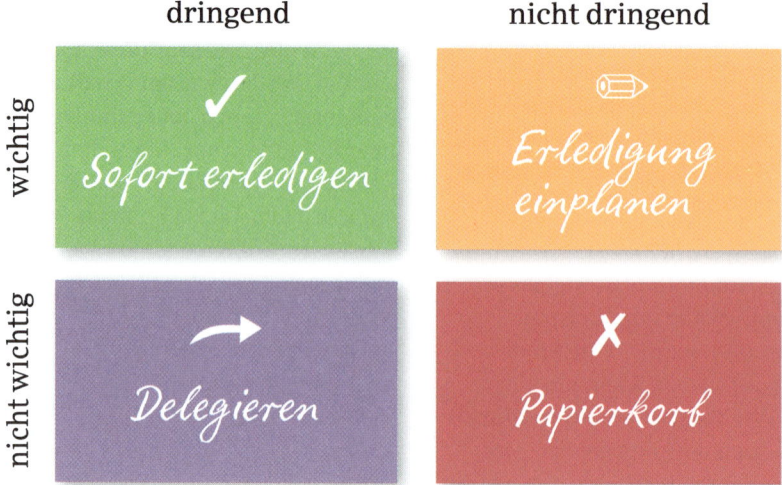

Verantwortung übernehmen

Fifty-fifty muss es nicht sein, aber fair darf es doch zugehen. Es spricht nichts dagegen, die Zuständigkeiten auch nach Gusto und Fähigkeiten zu verteilen, aber dabei sollten Paare schauen, was sie da in die Waagschale legen: Steuererklärung, Reifenwechsel und Glühbirnen zu tauschen — das kommt eben seltener vor als Staubsaugen, Wäsche machen und das Klo zu putzen. Wie auch immer die Aufgaben verteilt sind, für beide Partner muss klar sein: Das hier ist meine Aufgabe, meine Verantwortung! Verlasse ich mich darauf, dass mein Partner oder meine Partnerin meine Ausführung überwacht, mich vielleicht daran erinnert oder sie sogar selbst zu Ende bringt, ist das alles andere als fair. Denn damit lasse ich die andere Person wieder allein mit dieser Mental Load.

Ressourcen realistisch einschätzen

Es ist so furchtbar simpel, und trotzdem fallen wir immer wieder darauf rein: Wenden wir Zeit für eine Sache auf, haben wir keine Zeit für eine andere. Mal eben noch eine Freundin anrufen, schnell noch die Wäsche anschmeißen oder der befreundeten Familie die vergessenen Schuhe vorbeibringen — all das kostet Zeit, die wir dann für andere Dinge nicht mehr haben.

Laura Fröhlich gibt einen Tipp, den ich vor dem einen oder anderen Ehrenamtsposten gern gehört hätte: Vor jeder neuen Aufgabe einen Tag Bedenkzeit einräumen![10] Also nicht sofort Ja sagen, wenn Elternvertreter, Organisationstalente fürs Nachbarschaftsfest und Ausflugsbegleitungen gesucht werden. Mit etwas Abstand können wir realistischer einschätzen, ob wir diese Aufgabe wirklich in unserem Alltag unterbringen können. Weil auch ein Ehrenamt uns Zeit und Kraft kosten wird.

Ohnehin tun wir gut daran, so wenig Dinge wie möglich im Kopf herumwälzen zu müssen. Erwachsene treffen etwa 35 000 Entscheidungen am Tag. Doch je mehr Entscheidungen wir treffen müssen, desto schlechter ist deren Qualität.[11] Deswegen reduzieren viele erfolgreiche Menschen ihre täglichen Entscheidungen und tragen etwa immer die gleichen Klamotten. Steve Jobs seinen Rollkragenpullover zum Beispiel. Routinen treten dann an die Stelle von Entscheidungen. Das kann uns auch im Familienalltag helfen. Freundinnen von mir setzen eine Empfehlung von Autorin Laura Fröhlich um: den ewigen Speiseplan. Montags Nudeln, dienstags Reis, mittwochs Suppe und so weiter. Die Beilagen variieren, das Grundgerüst aber bleibt — Entscheidungen reduziert. Routinen helfen übrigens auch dabei, neue Gewohnheiten zu etablieren, zum Beispiel beim Thema Aufräumen (siehe Kapitel 2).

Über Erwartungen sprechen

Erst bei meinen Recherchen zu Mental Load ist mir aufgefallen, dass es im Zusammenleben mit meinem Partner, aber auch ganz allgemein in der Gesellschaft, deshalb so oft hakt, weil wir bestimmte Dinge als Standard voraussetzen. Was für uns normal ist, halten wir für allgemeingültig. Ist doch klar, dass zum Wäschemachen auch das Falten und Wegräumen gehört! Oder etwa nicht?

Tatsächlich haben wir sehr unterschiedliche Vorstellungen. Nehmen wir das Thema Reinlichkeit: Für meine vierjährige Tochter zum Beispiel ist ein mit Spucke grob abgewischtes Gesicht recht sauber. Meine Freundin, ihres Zeichens Krankenschwester, desinfiziert sich mehrmals täglich die Hände. Wir sind also alle sehr unterschiedlich geprägt. Wollen wir dauerhaft gut unter einem Dach leben, ist es sinnvoll, sich über Standards auszutauschen, empfiehlt auch Patricia Cammarata. Heißt »Küche machen« die Spülmaschine aus- und einzuräumen oder gehört auch das Fronten polieren dazu? Es klingt nach Kinkerlitzchen, aber nicht wenige Partnerschaften scheitern an den vielen kleinen Hürden des Alltags.

Zum Standard geworden ist inzwischen noch etwas anderes: das Selbstgemachte. Die Do-it-yourself-Bewegung trägt auch dazu bei, dass wir im Alltag ganz schön viel zu schleppen haben. Selbst gebackene Torten, genähte Kleidung, gebastelte Deko, personalisierte Brotdosen, bestickte Schühchen — es gibt inzwischen kaum etwas, für das es nicht eine DIY-Anleitung gäbe. Doch wenn wir schon von Erwartungen sprechen, sollten wir auch hier kritisch mit uns ins Gericht gehen und uns fragen, ob wir das alles wirklich machen, weil es uns Spaß macht — oder weil wir glauben, das gehöre nun einmal dazu!

Sind aber die Aufgaben verteilt, die Standards abgesprochen, heißt es: Loslassen! Ob der Partner oder die Partnerin die Shirts nun in Marie-Kondo-Manier faltet oder die Flaschen erst bis zum Sankt Nimmerleinstag sammelt, ehe sie entsorgt werden — wie die jeweilige Aufgabe ausgeführt wird, entscheidet die zuständige Person.

Nicht nur Selbstgemachtes drückt Liebe aus.

4 ORGANISIEREN

Wir dürfen uns auch die radikale Erlaubnis geben, uns das Leben leicht zu machen! Ich zum Beispiel koche und backe nicht so gern, darum bin ich beim Buffet in der Kita lieber die Frau fürs Baguette. Auch bei anderen Alltäglichkeiten mache ich es mir inzwischen leichter. Die ersten drei Jahre im Leben meiner jüngsten Tochter war das Anziehen eine echte Quälerei. Also habe ich ihr am Abend schon die (durchaus bequemen) Klamotten für den nächsten Kindergartentag angezogen. Ein Streitfaktor weniger am Tag!

Die Lizenz, es sich leicht zu machen

Wichtig finde ich dabei, dass man sich als Paar darüber verständigt, was einem wirklich wichtig ist, und dass auch diese Leichtigkeit gerecht verteilt ist. Es ist nicht fair, wenn der eine Partner ständig die Fernseh-Erlaubnis erteilt und der andere nur noch die Wahl hat zwischen erneuten Endlosschleifen vor dem Bildschirm oder aktivem Bespaßen der Kinder.

Dabei ist es für alle leichter, wenn die Kinder von Anfang an in die Aufgaben mit eingebunden werden. Schließlich sind Kinder die geborenen Helfer! Denn Helfen ist in uns Menschen angelegt, genauso wie andere Ausdrucksformen prosozialen Verhaltens wie Teilen oder Trösten. Mithelfen und Kooperation fördern auch das Selbstwirksamkeitsgefühl von Kindern. Es lässt sie spüren: Ich bin ein Teil dieser Familie, ich bin wichtig! Zugegeben: Helfen die Kleinsten beim Wäschefalten, liegt die größte Hilfe darin, dass sie für einen Moment beschäftigt sind. Aber die Kinder werden größer und je älter sie sind, desto mehr Aufgaben können sie übernehmen. Und davon profitieren am Ende alle.

Tools für die Familienorganisation

»Unser Familienchaos haben wir unter anderem mit der Shopfloor-Methode in den Griff bekommen. Dafür nutzen wir zu Hause ein Board, auf dem Kategorien wie Haushalt, Einkäufe, Geburtstage usw. in der linken Spalte stehen. Daneben gibt es Spalten mit »To do«, »in Bearbeitung« und »Erledigt«. Inzwischen schreiben wir alle Aufgaben, von Waschmittel kaufen bis zur Kita-Anmeldung, auf kleine Zettel und teilen die Erledigungen sinnvoll untereinander auf. Unsere digitalen Hilfsmittel sind synchronisierte Kalender übers Handy, das geht sowohl über den Google-Kalender, über iPhone oder Android. Trello ist unser digitaler Aktenordner (funktioniert auch gut mit Evernote). Sinnvoll sind auch synchronisierte Einkaufslisten (z. B. über Wunderlist). Diese analogen und digitalen Tools helfen uns im Alltag, vor allem aber sind sie da, um die Familienorganisation langfristig gerechter zu verteilen.«
Autorin und Dreifach-Mama Laura Fröhlich

Die Sache mit der Zeit

Wer es noch nicht bemerkt haben sollte: Wir befinden uns mitten in der Rushhour. So bezeichnen Soziologinnen und Soziologen jene Lebensphase, in der Familien gegründet und Weichen für den Beruf gestellt werden. Die Gleichzeitigkeit der Dinge ist es auch, die unser tägliches Leben so verdammt anstrengend macht. Weswegen wir ihn ständig spüren, diesen Stress. Und das hat Folgen — nicht nur für uns. »So prägen wir schon die ganz kleinen Gehirne in dem gleichen Maße, wie wir das unsere prägen, wenn wir uns erlauben, ständig gestresst zu sein«, schreibt Autorin Nicola Schmidt.[12]

Mit der Art, wie wir unseren Alltag leben, stellen wir also auch Weichen für das weitere Leben unserer Kinder. Dieses Wissen sollte uns allerdings nicht zusätzlichen Ballast auf die Schultern legen, sondern uns die Entscheidung leichter machen, unseren Alltag zu entrümpeln.

Was wir mit unserer Zeit anfangen

Wir Eltern wenden heute so viel Zeit wie noch nie für Kinder und Berufstätigkeit auf.[13] Da der Tag weiterhin nur 24 Stunden hat, können wir kurz überlegen, an welchen Stellen wir diese Zeit einsparen: richtig, bei uns selbst.

Dass das auf Dauer nicht gut gehen kann, liegt auf der Hand. Denn das Ehrenamt, das Hobby, Freunde und Verwandtschaft, auch sie brauchen unsere Zeit. Und tatsächlich auch wir selbst, die wir zum Glück eben doch mehr sind als nur Mama oder Papa.

Warum räumen wir uns dann nicht den Platz ein, den wir brauchen?

Es könnte mal wieder an diesen Rollenidealen liegen. Die aufopfernde Mutter nimmt sich stets zurück, zum Wohle der Kinder, versteht sich. Das Jahr 1950 hat angerufen, es hätte gern sein Mutterideal zurück. Doch Zeit für uns ist kein Luxus, sondern unsere Lebensgrundlage. »Betreiben Sie Ihre Selbstfürsorge mit solcher Ernsthaftigkeit, als würde Ihr Überleben davon abhängen. Denn Ihr Überleben hängt tatsächlich davon ab!«, schreibt Nicola Schmidt dazu.[14] Wollen wir für unsere Kinder präsent sein, müssen wir spüren können, wer wir sind.

Zeit für uns selbst ist kein Luxus.

Interview

»Das Kind braucht das Gefühl, dass seine Eltern da sind.«

GERALD HÜTHER
Neurobiologe und Autor
zahlreicher Bücher

Zu wenig Zeit — das beschreibt ja ein bisschen das vorherrschende Gefühl vieler Eltern. Ist es für uns viel zu normal, Zeitdruck zu haben?
Vielleicht überrasche ich Sie, wenn ich sage: Das ist kein Zeitproblem, das wir haben. Das ist ein Problem der Zuschreibung von Bedeutsamkeit. Etwas, was mir wirklich wichtig ist, für das habe ich immer Zeit. Wenn aber zehn Sachen gleichzeitig wichtig sind, dann habe ich keine Zeit.

Das heißt, wir räumen den bedeutsamen Dingen in unserem Leben zu wenig Platz ein?
Wir stellen uns zu selten die Frage, was von den vielen Dingen, mit denen wir unsere Zeit verbringen, es wirklich verdient, sich damit zu beschäftigen. Das wäre ja noch okay, es kommt aber noch ein zweiter Umstand dazu: Den meisten Menschen fällt es extrem schwer, sich dann zu entscheiden. Das hat mit unserer Multioptionsgesellschaft zu tun. Wir würden uns gern alle Möglichkeiten offenhalten. Eine Entscheidung fällt uns deshalb schwer, weil sie immer bedeutet, dass wir etwas anderes nicht machen können.

Wir sind Eltern, haben uns also dafür entschieden, Kinder zu haben. Trotzdem entscheiden wir uns nicht jeden Tag aufs Neue dafür, mehr Zeit mit ihnen zu verbringen.
Daran merken Sie, warum ich so ein bisschen stocke, wenn ich sage, man müsste sich entscheiden. Haben wir zu viele Bälle, die wir in der Luft jonglieren, liegt es daran, dass wir uns nicht entschieden haben. Das zu verstehen, kann auch unangenehm sein. Wenn ich ein Kind in die Welt setze und mit ihm Zeit verbringen will, kann ich nicht noch Karriere machen und mich gleichzeitig um zehn weitere Dinge kümmern.

Dieses Gefühl, nie genug Zeit zu haben – was macht das mit den Menschen?
Das macht sie unglücklich. Weil sie merken, dass sie das, was sie eigentlich schaffen wollen, niemals schaffen werden. Was bleibt, ist eine Unzufriedenheit mit sich selbst und den Verhältnissen. Da will man etwas und man kriegt es nicht hin und weiß auch nicht, wie man es ändern soll. In der Psychologie spricht man von Inkohärenz. Da geht es in den oberen Bereichen des Hirns, der präfrontalen Rinde, ziemlich durcheinander zu und die Nerven feuern quer. Das verbraucht sehr viel Energie und das merkt man dann auch selbst, das ist dann kein toller Zustand.

Und was macht dieser Zeitdruck – der Eltern oder der eigene – mit Kindern?
Zunächst wünscht sich ein Kind, dass es von seinen Eltern oder den Bezugspersonen oder auch anderen gesehen wird, dass ihm das Gefühl vermittelt wird, dass es richtig ist, wie es ist, und bedingungslos dazugehört. Meist bekommen Kinder aber signalisiert, dass sie nicht ganz richtig sind. Das nennt man dann Erziehung. Kinder wollen nicht nur beschäftigt werden, sondern sie brauchen Präsenz. Sie müssen spüren, es geht jetzt um sie.

Eltern können und wollen aber jetzt nicht dauerpräsent im Leben ihres Kindes sein. Das ist vermutlich auch nicht gut?
Dann hätten Sie das ganz falsch verstanden. Das Kind braucht das Gefühl, dass seine Eltern da sind. Es kommt nicht auf die reine Zeit, sondern auf die Tiefe und Intensität an. Eine intensive Begegnung mit dem eigenen Kind pro Woche ist besser, als die ganze Woche über da zu sein ohne wirklich präsent zu sein. Wenn die Kinder von Termin zu Termin geschleppt werden, ist das eine fatale Geschichte.

Inwiefern ist das fatal?
Kinder haben das Bedürfnis nach Verbundenheit, aber auch das Bedürfnis nach Autonomie. Sie wollen gestalten. Wird das Kind von einer Geschichte zur nächsten geschleppt, gibt es nichts zu gestalten.

Kinder brauchen Verbundenheit.

Oft stecken hinter den Terminen gute Gedanken. Eltern wollen ihre Kinder fördern. Braucht das kindliche Gehirn nicht auch diese Reize?
Das ursprüngliche Bild vor 20 Jahren war: Da sind die genetischen Programmierungen, die das Kind zusammenbauen. Ein schlechtes Programm hat einen schlechten IQ und da kann man nichts machen. Dann haben die Hirnforscher gemerkt: Das stimmt nicht, das Hirn kann sich auch noch verändern. Man kann Dinge noch aufholen, bis ins hohe Alter hinein. Das ist leider von einer Industrie aufgegriffen worden, die damit Geld verdienen wollte. Plötzlich sind die Gerätschaften bunter geworden, überall gibt es jetzt Stimulation. Daher spreche ich auch von einer Stimulationsindustrie.

Wenn die vergangenen Jahre schon sehr gehetzt waren: Hat man dann noch eine Chance, es anders zu machen?

Es ist nie zu spät, man kann immer noch die Kurve kriegen. Aber es ist nicht so einfach, weil man das ja über viele Jahre hinweg selbst verinnerlicht hat. Man ist ja dann oft selbst der Meinung, dass man möglichst viel hineingeben muss, um auch viel herauszubekommen. Dass man Druck machen muss, damit Leistung rauskommt, dass man den Wettbewerb braucht, um sich weiterzuentwickeln. Das sind alles Kernüberzeugungen von Erwachsenen geworden. Aus der Pädagogik aber hören wir, dass Kindern die Freude am Lernen sowieso schon innewohnt und sie diese Freude am intensivsten und am beglückendsten erleben, wenn sie frei und unbekümmert spielen dürfen. Das bringt das Weltbild der Erwachsenen durcheinander.

Kinder brauchen also in erster Linie sehr viel freie Fläche im Terminkalender oder am besten gar keinen Terminkalender?

Das mit dem Terminkalender ... Sie merken, dass ich da eigentlich einen Bogen darum mache. Wenn Eltern es sich zu Herzen nähmen, nicht ständig in das Kind etwas hineinfüllen zu wollen, dann hätten sie auf einmal schon sehr viel Zeit. Und wenn Eltern dann auch noch auf die Idee kommen, dass Kinder am meisten lernen, wenn sie miteinander spielen und dass der beste Spielraum, den es überhaupt gibt, die freie Natur ist, dann hätten sie auch wieder viel mehr Zeit, weil die Kinder alle miteinander spielen und die Eltern in dieser Zeit irgendetwas machen können.

Lernen, wie Mensch-Sein geht

Ich glaube, die Sehnsucht danach, es anders zu machen und aus diesem Hamsterrad auszusteigen, ist bei vielen Eltern schon da ...

Ja, es gibt unter den jetzt jungen Eltern eine Gruppe, die sind so sehr präsent für das Kind und achtsam und umsichtig, wie es das — soweit ich mich erinnere — noch nie gegeben hat.

Das heißt also, Sie sind gar nicht so pessimistisch, wenn Sie in die Zukunft schauen?

Ich bin niemals pessimistisch. Ich sehe nur, dass wir offenbar in unserem menschlichen Hirn keine Programme haben, die uns sagen, wie es richtig ist. Wir müssen das immer herausfinden, also wie das Mensch-Sein geht. Das funktioniert nur über Ausprobieren und Fehlermachen. Nichts anderes ist übrigens das spielerische Ausprobieren bei Kindern. Die Kunst besteht darin, Fehler machen zu können, sie zu bemerken und zu wissen, dass man sie korrigieren kann.

So herausfordernd die Coronakrise auch war, so hat sie uns doch etwas Wesentliches vor Augen geführt: Nämlich wie leicht das Leben plötzlich werden kann, wenn weniger Termine in unseren Kalendern stehen. Doch kaum hatte uns das alte Leben wieder, haben wir sie abgegeben, die Hoheit über unseren Terminkalender. Kurseinheiten, Trainingszeiten, Arbeitszeiten, Treffen mit Freunden, Elternabende, ein Konzert, die Shop-Eröffnung — viel zu häufig sagen wir Ja, statt ehrlich abzuwägen, ob diese Veranstaltung unsere Zeit überhaupt wert ist. Dabei sollten wir uns klarmachen, dass unsere Zeit zu den wertvollsten Dingen gehört, die wir besitzen.

Doch wir Eltern gehören nun einmal einer Generation an, der das Syndrom FOMO zugeschrieben wird, the Fear Of Missing Out. Wir wollen nichts verpassen und haben deswegen Termine, Termine, Termine. Dann kommt es zu erstaunlichen Situationen wie dieser hier: Wir freuen uns auf das Essen mit Freunden am Wochenende — und freuen uns noch mehr, wenn sie spontan absagen. Denn es fühlt sich an wie geschenkte Zeit.

Seit ein paar Jahren aber geistert ein weiterer Begriff durch den Orbit, geprägt von dem dänischen Psychologie-Professor Svend Brinkmann: JOMO, the Joy Of Missing Out. Es ist ein Plädoyer dafür, bewusst Dinge sausen zu lassen. Statt uns Sorgen darum zu machen, was wir verpassen, könnten wir nämlich genauso fragen: Was habe ich davon, wenn ich den Termin verpasse?

Zu unseren alltäglichen Aufgaben gesellen sich die Termine der Kinder und vor allem die Vorstellung davon, was wir als wertvolle Familienzeit interpretieren. Gerade wenn beide Eltern berufstätig sind, ist der Druck groß, am Nachmittag oder am Wochenende

Den Alltag vereinfachen

etwas »Sinnvolles« zu unternehmen. Nicht selten ist es das schlechte Gewissen, das uns antreibt, möglichst viel »Quality« in verhältnismäßig wenig »Time« zu packen.

Es spricht natürlich nichts dagegen, die gemeinsame Zeit mit den Kindern zu nutzen und am Wochenende zum Beispiel einen Ausflug zu machen. Ein Animationsprogramm aber brauchen Kinder nicht. Ihre Bedürfnisse liegen ganz woanders, nämlich im Zugang zu bedeutsamen Beziehungen und in den Möglichkeiten, sich und die Welt zu entdecken (siehe Kapitel 3). Wir dürfen es uns also ohne schlechtes Gewissen leicht machen. Die Kinder profitieren sogar davon, wenn wir unseren Alltag vereinfachen. Wenn sie eintauchen können in den Moment, statt von einem Event zum nächsten gezerrt zu werden.

Vielleicht gucken wir uns auch hier noch einmal etwas von den Skandinaviern ab. Sie nämlich leben das Konzept des »Friluftslivs«. Dahinter steckt das Bedürfnis, so viel Zeit wie möglich an der frischen Luft zu verbringen, unabhängig von Lebensumständen oder Wetterlagen. Einfach raus in die Natur und den Kopf frei kriegen — das könnte entspannter sein, als ein Nachmittag im Freizeitpark.

Doch unser Alltag besteht leider nicht nur aus Freizeit und zu unserem alltäglichen Leben gehören eben auch Dinge, die wir erledigen, Termine, die wir wahrnehmen müssen. Die können oder wollen wir nicht delegieren und die machen wir, auch wenn sie uns nicht viel Freude bereiten. Doch ähnlich wie wir unser Haus von unnötigem Ballast befreien können, dürfen wir auch unseren Terminkalender ausmisten.

Auch hier geht es darum, das eigene Gefühl zu hinterfragen. Autorin Diane Boden rät dazu, sich zu fragen, wie sich die Termine anfühlen:[15] Nach »Okay ...« oder nach »Zum Teufel, ja!«? Der Alltag wird sich deutlich leichter an fühlen, wenn es uns gelingt, vorwiegend Verabredungen zu treffen, auf die wir uns freuen, bei denen wir

»Zum Teufel, ja! Das machen wir!«

spüren: »Zum Teufel, ja! Das machen wir!«

Gut, das wird nicht der Zahnarzttermin sein und auch nicht der Start am Montagmorgen im Büro. Aber gerade Verabredungen am Wochenende, Pläne für ein gemeinsames Abendessen oder den Wanderausflug mit anderen Familien, die sollten wir nicht mehr aus Gefälligkeit tun, sondern nur noch, weil wir es wirklich wollen. Klar, wir werden es aushalten müssen, andere zu enttäuschen. Doch es wird sich gut anfühlen, wieder Autonomie über die eigene Zeit zu erlangen. Wir werden spüren, wie Ballast von uns abfällt.

Es geht gar nicht so sehr darum, *was* wir machen. Viel entscheidender ist, *wie* wir was machen. Ob wir anwesend sind, präsent. Gewöhnen wir uns an, die Momente mit Achtsamkeit zu füllen, reduzieren wir damit unser Stressempfinden. Wir können mit leichten Übungen anfangen: Bewusst das Handy weglegen, wenn wir mit unseren Kindern sprechen, die Spülmaschine einräumen, ohne dabei die To-do-Listen im Kopf zu wälzen, mit dem Hund durch den Wald spazieren und dem Vogelgezwitscher lauschen.

Doch natürlich gibt es sie, die stressigen Phasen. In der Rushhour des Lebens haben wir auch noch unsere täglichen Stoßzeiten, die uns in den Wahnsinn treiben können. Bei den einen ist es das

Momente mit Achtsamkeit füllen

Jetzt mal Pause!

»Das Leben mit Kindern könnte so schön sein, wenn der Alltag nicht wäre.« Diese Zeilen stehen in dem Buch *Kleine Fluchten — Großes Glück* von Vera Schroeder. Darin gibt die Journalistin und vierfache Mutter konkrete Tipps, wie Familien für einen Moment aus ihrem Alltagstrott aussteigen können, für »mehr Leichtigkeit, Liebe und mehr Eis.« Ein Tipp von Vera Schroeder: Das »Jeder erzählt seinen Tag«-Ritual. Statt die Kinder auszufragen, beginnen die Eltern damit, ihren eigenen Tag zu erzählen. Gern im Detail.

Welche kleinen Fluchten könnten wir uns vorstellen?
- Einen Tag lang eine Keine-Regel-Regel
- Im schlimmsten Regen spazieren gehen
- Einfach rauf auf die Räder und los!
- Picknick im Wohnzimmer …

Die Rushhour entzerren

allmorgendliche Aus-dem-Haus-Kommen, bei anderen die Zeit nach dem Feierabend. Bei uns zu Hause beginnt die tägliche Rushhour etwa um 18 Uhr mit dem Abendessen und endet irgendwann zwischen 21 und 23 Uhr, wenn die Kinder endlich schlafen.

Obwohl ich kein Freund davon bin, das Familienleben durchzuoptimieren, so ist es doch sinnvoll, gerade diese Stressphasen einmal genauer unter die Lupe zu nehmen: Was daran ist für uns so stressig? Welche Abläufe können wir besser vorbereiten? Worauf können wir verzichten? Wie könnten uns Routinen helfen? Ist der Nachmittag meist anstrengend, weil wir nach dem Feierabend noch einkaufen und kochen müssen, kann es helfen, die Einkäufe anders zu koordinieren: Ein großer Einkauf pro Woche oder Lieferdienste? Vielleicht kann jemand etwas mitbringen? Unser Abend ist auch entspannter, seit wir ihm mit radikaler Akzeptanz begegnen. Vor 20 Uhr schläft hier niemand. So ist das eben. Routinierte Abläufe aber helfen, mögliche Streitereien zu umschiffen. Abendessen, Zähneputzen, Lesen, Schlafen. Das ist immer gleich. Nur die Dauer variiert dann eben.

Wollen wir unser Zeitmanagement nachhaltig verändern und neue Gewohnheiten etablieren, ist der erste wichtige Schritt, die eigenen Glaubenssätze zu hinterfragen. »Die Dinge, die wir uns selbst erzählen, sind ausschlaggebend. Denn in dem Moment sind sie für uns wahr — wenn auch unbewusst«, sagt mir Juli Scharnowski, Journalistin und Coachin.[16] Statt also davon auszugehen, dass uns der Alltag ohnehin wieder einholen wird, ist es hilfreicher, daran zu glauben, dass Veränderungen uns gelingen werden. Wir haben Entscheidungsräume, das sollten wir uns immer wieder klarmachen, empfiehlt die Trainerin. Wichtig sei, die Erwartungen nicht zu hoch zu schrauben. »Oft scheitern wir, weil wir uns zu große Dinge vornehmen. Etwa jeden Tag mindestens 30 Minuten Sport machen. Viel besser ist es, sich zu überlegen: Welche kleinen Details sind möglich?« Ein konkreter Tipp der Trainerin: Alles, was uns gut tut, aufschreiben und für uns als Art Schatztruhe aufbewahren. »Was wir aufschreiben, verinnerlichen wir besser«, sagt sie. Aufbewahrt kann diese Schatztruhe an Erinnerungen auch als eine Art Werkzeugkasten dienen, den wir immer dann hervorholen, wenn uns der alte Alltag wieder einzuholen droht.

Die Sache mit dem Dorf

Entrümpeln wir unseren Terminkalender, werden wir nicht umhinkommen, uns ehrlich zu fragen: Welcher Mensch ist mir meine Zeit wert? Das fühlt sich unangenehm an. Wir mögen es nicht, Menschen einen Wert beizumessen. Wir möchten unsere Freunde nicht als Wirtschaftsfaktor verstehen, doch sollten wir unsere Zeit und unsere Energie so begreifen, wie sie sind: endlich. Es sind unsere Ressourcen, die uns eben nur in begrenztem Maße zur Verfügung stehen. Es ist nichts falsch daran, sie mit Bedacht einzusetzen.

Und trotzdem brauchen wir Verbündete, einen doppelten Boden. Kaum etwas ist in der Literatur zu Familienthemen so oft zitiert worden wie dieses afrikanische Sprichwort: »Es braucht ein ganzes Dorf, um ein Kind zu erziehen.« Darin steckt so viel Wahres, denn die Gemeinschaft ist unser artgerechtes Umfeld. Seit Jahrtausenden kümmern sich Menschen gemeinsam um den Nachwuchs. Dass wir das Familienleben allein schaffen sollen, ist eine sehr neue Erzählung – und eine, für die wir gar nicht ausgestattet sind. Die einsame Elterninsel, sie ist nicht artgerecht.

Wie bei vielen Dingen in unserem Elterndasein geht es um die Balance: Gehen wir mit unserer Zeit sorgsamer um, wählen wir auch unsere Kontakte anders. Wir investieren unsere Zeit und Aufmerksamkeit in die Personen, die uns wertvoll erscheinen. Damit wird uns auch das Netzwerken weniger anstrengen.

Doch gerade wenn wir zum ersten Mal Eltern werden, können wir das noch gar nicht richtig einschätzen. Was genau sind denn echte Verbündete? Ich selbst war 23, als meine erste Tochter zur Welt kam. Die ersten zwei Jahre habe ich versucht, mein altes Leben irgendwie aufrechtzuerhalten. Meine Hockeymannschaft, meine Arbeitskollegen, meine Freunde – sie alle sollten wissen: Mich gibt es noch! Irgendwann sagte sogar jemand: »Wow, man merkt gar nicht, dass du ein Kind hast!« Und da fiel es mir wie Schuppen von den Augen: Nicht nur, dass es unfassbar anstrengend ist, all diese Kontakte irgendwie zu jonglieren – mit meinem Bestreben danach, die Alte zu bleiben, habe ich mich fast darum gebracht, die Neue zu werden. Kinder zu bekommen verändert uns, im positivsten Sinne. Und so darf es auch mit unseren Beziehungen sein.

Manche Menschen tun uns für eine Weile gut. Dann merken wir, dass es irgendwie nicht mehr passt. Heute finde ich das völlig in Ordnung. Denn sonst erginge es unserem Herzen irgendwann wie unserem Keller: Zu voll, nichts passt mehr hinein. Akzeptieren wir, dass sich unsere Prioritäten ändern, dass Zeit- und Aufmerksamkeitsbudget knapper werden, passiert etwas Erstaunliches: Wir verlieren kaum etwas von Wert, wir bekommen aber jede Menge hinzu.

Echte Verbündete finden

Die Coronakrise hat uns in dieser Hinsicht vielleicht schon einen Schub gegeben. Weil wir Kontakte reduzieren mussten, blieb uns nichts anderes übrig, als Prioritäten zu setzen. Und so ist es auch, wenn wir Eltern werden. Wir haben nicht mehr die Ressourcen, um jede Bekanntschaft am Leben zu erhalten. Doch die engen Freundschaften bleiben nicht nur, oft gewinnen sie auch an Tiefe. Es entsteht eine neue Verbindlichkeit.

Enge Freundschaften gewinnen oft an Tiefe.

Als Familie brauchen wir Leute um uns herum, auf die wir uns verlassen können. Ein modernes Dorf mit Menschen, die uns die Einkäufe vor die Tür stellen, wenn bei uns mal wieder der Magen-Darm-Virus grassiert, die unser Kind aus der Kita mitbringen, die uns zuhören, mit denen wir lachen und offen über unser Scheitern sprechen können, die uns kein schlechtes Gewissen machen, wenn wir uns schon wieder nicht gemeldet haben. Und die mit uns um die Häuser ziehen, wenn wir mal aus der Familienblase ausbrechen wollen.

In diesem Dorf leben nicht nur Freunde. Es gibt so viele Menschen, die uns bei diesem gewaltigen Vorhaben namens Familie unter die Arme greifen: Erzieher und Erzieherinnen, Nannys, Nachbarn oder Großeltern. Meist sind auch hier die Frauen die Kümmerinnen, deswegen spricht Erziehungswissenschaftlerin Margrit Stamm von Schattenmüttern. Sie können wichtige Bindungspersonen für unsere Kinder werden und damit eine echte Bereicherung in unserem Familienleben. Dazu müssen wir ihnen aber einen Platz zusprechen.

Und um auch hier dem schlechten Gewissen vorzubeugen: Das Dorf ist vor allem eine Unterstützung für uns Eltern. Wir müssen keine Sorge haben, den Kindern fehle etwas, wenn wir gerade auf niemanden zurückgreifen können. Je kleiner ein Kind ist, desto mehr reichen ihm die nächsten Bezugspersonen wie Mutter oder Vater. Weitere Erwachsene, Kinder zum Spielen werden erst ab dem dritten Lebensjahr bedeutsamer.

Wenn man's allein schaffen muss

Mutter, Vater, Kind — das beliebte Rollenspiel in der Kindheit repräsentiert nur einen Ausschnitt der Wirklichkeit. Tatsächlich gibt es sehr, sehr viele andere Familienformen, da sind die Patchworkfamilie, die Einelternfamilie, die Regenbogenfamilie, die soziale Elternschaft oder auch die Co-Elternschaft. Jede Familie steht vor ihren eigenen, ganz individuellen Herausforderungen. Leben Eltern getrennt oder ist ein Elternteil allein für das Kind oder die Kinder verantwortlich, fallen viele Tipps zu Mental Load weg oder müssen anders gedacht werden. Und wir sprechen hier nicht von einer kleinen Gruppe: Rund 2,09 Millionen Mütter und etwa 435 000 Väter waren im Jahr 2019 alleinerziehend[17] — die können und dürfen wir nicht vergessen.

Was Alleinerziehenden den Alltag erleichtern würde:

- »Mein Tag ist eng getaktet, da fehlt es mir an Pufferzeiten. Helfen würde mir eine Art Buddy-System in der Kita, das mich mit anderen Eltern vernetzt, damit jemand im Notfall mal mein Kind aus der Kita mitnehmen kann.«

- »Wege abnehmen.«

- »Einfach mal zum Essen bleiben. Ich wäre froh, wenn auch mal ein Erwachsener mit am Tisch säße und ich beim Abendessen auch mal andere Gesprächsthemen als Kita und Schule hätte.«

- »Mir hilft es schon, wenn Freundinnen meiner Tochter zu Besuch sind, damit ich zu Hause ein bisschen was erledigen kann.«

- »Abends bin ich ans Haus gefesselt. Ich freue mich, wenn dann jemand einfach zu mir kommt.«

- »Ich habe keine Zeit, andere Eltern kennenzulernen. Mir würde es helfen, wenn nicht alle Eltern-Beteiligungen in Kita und Schule zu meinen Arbeitszeiten stattfinden würden.«

- »Wenn jemand zwischendurch mein Kind nähme, damit ich einmal Sport machen kann, das wäre toll. Am besten fest verankert, damit ich nicht immer fragen muss.«

- »Wie wäre es mit einem Fonds in Kita oder Schule, um Babysitter für Elternabende zu bezahlen? Ich selbst kann mir das einfach nicht leisten.«

- »Handwerkliche Sachen bleiben bei mir oft liegen. Wie sehr würde es helfen, wenn mir jemand hilft, die Gartenhütte zu reparieren!«

- »Ein Google-Kalender mit der Freundin, damit sie sehen kann, wann Engpässe sind.«

- »Manchmal würde ich gern zum Essen eingeladen werden. Ich weiß einfach nicht mehr, was ich kochen soll.«

Wer diese ganze Familiennummer allein bewältigen muss, der hat für dieses »Weniger ist mehr« vielleicht nur ein müdes Lächeln übrig. Denn oft ist man zwangsläufig aufs Notwendige reduziert. Eine bewusste Haltung daraus abzuleiten, müssen sich manche erst einmal leisten können. Ich kenne das Thema alleinerziehend nur aus der Kinderperspektive. Meine Eltern haben sich getrennt, da war ich elf. Meine beiden Geschwister und ich blieben bei meiner Mutter. Seit ich selbst Mutter bin, habe ich ein größeres Verständnis dafür, was sie damals alles tragen musste. Und ich habe Freundinnen und Freunde, die sich ganz allein oder im Wechsel mit dem oder der Ex die Verantwortung für die Kinder teilen. Ich blicke demütig auf das, was sie täglich leisten. Doch wirklich nachempfinden kann ich es nicht. Darum habe ich mit Menschen gesprochen, die selbst in dieser Situation sind oder waren.

Alleinerziehende brauchen uns als Dorf!

Menschen, die in einer herausfordernden Situation sind, fällt es häufiger schwer, Hilfe anzunehmen. Noch schwieriger ist es für sie, aktiv um Hilfe zu bitten. Dabei können gerade Alleinerziehende das Dorf zum Kindererziehen gebrauchen. Warum warten wir, die wir nicht in dieser Situation sind, eigentlich darauf, um Hilfe gebeten zu werden? Das Dorf, es kann sich mal selbst mobilisieren. Vielleicht fragen wir, die Elternpaare, die anderen Erwachsenen, einfach mal: Was brauchst du? Die Antworten könnten uns überraschen! Einige fordern nicht einmal große Investitionen. Ich habe etwas Vorarbeit geleistet und einige Alleinerziehende gefragt.

Den Alltag allein managen

Autorin und Bloggerin Sarah Zöllner (mutter-und-sohn.blog) hat ihren ersten Sohn allein großgezogen. Jetzt ist sie wieder Mutter geworden und lebt in einer Partnerschaft. Sie kennt also beide Perspektiven. Hier gibt sie ein paar Tipps, wie auch Alleinerziehende den Alltagsstress etwas reduzieren können.

1. Prioritäten setzen

Alleinerziehend zu sein ist im negativen Sinne minimalistisch, wenn man es als Verlust von Fülle sieht, von Partnerschaft, von Beziehungen und auch von Zeit und Energie. Es ist aber auch im positiven Sinne minimalistisch, wenn es einem gelingt, Prioritäten zu setzen. Die Begrenzung sorgt dafür, dass das Wenige, was man hat, auch das ist, wofür man einsteht und was einem wichtig ist. Ganz im Sinne der Selbstfürsorge ist es also wichtig zu fragen: Wo investiere ich meine Kräfte, worauf reduziere ich mein Leben und wie bündele ich meine Ressourcen, um ein gutes Leben zu haben? Durch eine Trennung ist man erst einmal in einer Ausnahmesituation. Der erste wichtige Schritt ist, sich zu sortieren und sich von negativen Einflüssen wie Streitigkeiten so gut es geht abzugrenzen. Priorität sollte es haben, immer wieder zur Ruhe kommen zu können. Dafür müssen wir uns eine Art Schutzraum schaffen, in den negative Einflüsse nicht vordringen können.

2. Austausch suchen

Mir war der Austausch mit Menschen wichtig, mit denen ich mich wohlgefühlt habe. Das waren nicht nur Menschen in der gleichen Situation, aber ich habe auch gezielt nach Leuten gesucht, die wie ich eine Trennung durchgemacht haben. Es hat mir geholfen, klarer zu sehen, was ich will und was ich nicht will. Viele sind auf der Suche nach einem Sehnsuchtsmenschen, der die eigene Situation kennt. Es stärkt nicht, sich allein und wie ein Alien zu fühlen unter den ganzen Familien. Ich habe in meinem Stadtteil in Köln einen Alleinerziehenden-Stammtisch gegründet. Aber es gibt viele Wege, andere kennenzulernen. Online ist es natürlich am einfachsten, sich zu vernetzen, aber auch Initiativen wie der Verband alleinerziehender Mütter und Väter e.V. helfen beim Kontakten.

3. Ansprüche senken

Um eine Balance zu finden, brauchen wir realistischere Erwartungen. Wir dürfen nicht davon ausgehen, dass andere die Dinge genauso gut machen wie wir selbst. Dieser Perfektionsanspruch beinhaltet oft den Wunsch nach Kontrolle. Genau die müssen wir lernen loszulassen. Im Grunde sind Alleinerziehende ohnehin Profis im Loslassen. Schließlich mussten sie ihren Wunsch von Familie loslassen und sich plötzlich neu orientieren. Es fällt vielen schwer, aber wir brauchen die Akzeptanz, auch mal schwach sein zu dürfen. Die Kinder sind nicht für immer psychisch verstört, wenn sie uns mal weinen sehen. Wir können nicht immer zu 100 Prozent da, immer stark sein. Es kann eine große Kompetenz sein zu akzeptieren, dass 70 Prozent völlig reichen.

4. Sich ein gutes Leben gönnen

Die meisten Alleinerziehenden haben das nicht verinnerlicht, aber ich finde es so wichtig: Auch sie dürfen sich ein gutes Leben gönnen! Sie dürfen nicht nur für andere da sein, sie müssen sich auch um sich selbst gut kümmern. Auch davon profitieren ja die Kinder.

5. Den Alltag organisieren

Alles, was den Druck rausnimmt, hilft! Die Kleidung oder Brotdosen können schon am Vorabend rausgelegt werden. Das entzerrt den Morgen. Ganz wichtig: Pausen einplanen! Zwischen Feierabend auf der Arbeit und Kita habe ich mindestens eine halbe bis Dreiviertelstunde Pause gelegt, um einen Moment Raum für mich zu haben und in Ruhe einen Kaffee zu trinken.

6. Bevor der Kragen platzt: Raus an die frische Luft!

Ich erinnere mich noch gut an diese ewig langen Wochenenden, 48 Stunden ununterbrochen allein zuständig zu sein. Niemand, dem man mal sagen kann: Jetzt übernimm du! In diesen Situationen hat es mir geholfen rauszugehen, ab in die Natur. Es entlastet und schafft auf erstaunliche Weise mehr Raum. Die Kinder sind oft ausgeglichener, man selbst kann mal durchatmen. Weil es vielleicht nicht jedem so geht, ist mein Universaltipp für solche Situationen, das zu tun, was einem gut tut. Ist das Kind schon etwas größer, kann es auch einfach mal »die Maus« gucken und man bekommt einen Moment Auszeit im Alltag.

5. ARBEITEN
Weniger Stress, mehr Balance

Arbeiten

Weniger Stress, mehr Balance

Irgendwie ist es uns ja klar, dass die Rechnung nicht aufgehen kann: 100 Prozent Job, 100 Prozent Familie – das kann nicht funktionieren. Und trotzdem wollen, trotzdem müssen wir beides haben. Sonst fühlen wir uns unvollständig. Sonst fehlt es uns auch schlicht an Geld. Wie also bringen wir etwas zusammen, das gar nicht zusammengeht? Am besten, indem wir die Voraussetzungen noch einmal neu verhandeln.

Meine Freundin sagte zu mir: »Wow, du strahlst so!«, als wir uns auf der nachmittäglichen Hunde-Runde trafen. Es war Frühling, die Kinder hatte ich zu Hause vor dem Fernseher geparkt, um ein paar Minuten für mich zu haben. Der erste Lockdown war gerade drei Wochen alt, mein Leben flog mir um die Ohren und diese Freundin hatte merkwürdigerweise recht: Wow, war ich gerade entspannt!

Klar waren da Kinderbetreuung und Homeschooling. Da waren Existenzsorgen, denn mein Job hatte sich wegen der Coronapandemie von einem Tag auf den anderen in Luft aufgelöst. Und trotzdem spürte ich vor allem eines: Erleichterung! Zum ersten Mal seit Jahren hatte ich das Gefühl, diese Work-Life-Balance zwischen Job und Familie wirklich hinzukriegen. Allerdings fehlte ja etwas Entscheidendes in diesem Moment — nämlich der Job.

Eigentlich hatte ich die besten Voraussetzungen, um Beruf und Familie unter einen Hut zu bekommen: Flexible Arbeitszeiten, Homeoffice, einen Partner, mit dem ich mir die Verantwortung teilen kann, gute Kinderbetreuung und eine Arbeit, die ich mag. Trotzdem war da diese unsichtbare Last. Wie schwer sie tatsächlich wog, war mir erst klar, als sie mir von den Schultern fiel. Niemand kam in dieser irrsinnigen Lockdown-Ausnahmesituation auf die Idee, von mir Glanzleistungen zu erwarten. Vor allem nicht ich selbst.

Wie wir alle wissen, dauerte der Lockdown noch viele weitere Wochen. Und es folgten weitere Schul- und Kitaschließungen, sodass auch mein Strahlen allmählich verblasste. Der Alltag mit Kindern ist selbst ohne Erwerbsarbeit kein Ort allwährender Glückseligkeit und irgendwann musste ich auch wieder Geld verdienen — trotz fehlender Kinderbetreuung. Am Ende des Jahres war auch ich wieder kolossal erschöpft. Doch das Gefühl aus der Anfangszeit hatte sich tief in mir eingebrannt. Die Leichtigkeit. Die Gewissheit, den Tag bewältigen zu können. Dahin wollte ich zurück. Nur bitte mit Job. Und ohne Pandemie!

Dass die Vereinbarkeit von Familie und Beruf kompliziert werden könnte, damit haben wir vermutlich gerechnet, als wir uns die Sache mit dem Kinderkriegen überlegt haben. Wir sind ja Organisationstalente! Wir konnten ins Ausland gehen, Praktika absolvieren, Karriereschritte gehen. Vermutlich haben wir sogar unsere Elternschaft ähnlich gut geplant wie die letzten Projekte im Büro. Doch wie viele Bälle wir da tatsächlich jonglieren müssen, wissen wir erst, wenn wir mittendrin sind in diesem Chaos aus Stillen, Füttern, Zoom-Calls, Feierabendverkehr und Wäschebergen. Dass wir zwar wunderbar vorausschauend sein können, aber schon das Piepsen des Fieberthermometers die ganze Nummer zu Fall bringen kann. Dass wir emanzipiert und engagiert sind — und uns trotzdem Sorgen um die Rente machen müssen. Und dass wir am Ende immer noch zu häufig bezweifeln, wirklich eine gute Mutter, ein guter Vater zu sein. Ein irrsinniger Zirkus also. Aber kann das nicht auch anders gehen?

Von Erwartungen befreit

> »Ich bin davon überzeugt, dass wir immer Handlungsspielraum haben.«

Leonie Schulte

Das Leben als Familie, als berufstätige Eltern ist an vielen Stellen herausfordernd. Doch mit dem ständigen Gefühl der Überforderung sollten wir uns nicht abfinden müssen.

Die Familie braucht uns und die meisten von uns brauchen einen Job. Wir müssen als Eltern die Chance haben, überall eben nicht nur halb, sondern ganz zu sein. Dafür können wir die Vereinbarkeit von Anfang an ganz anders denken – oder neu justieren: Denn auch mitten auf dem Drahtseil können wir die Balance wiederfinden.

Wie Familien diese Nummer für sich lösen, ist höchst individuell. Es gibt nicht den einen Weg und daher auch hier nicht den einen Rat, mit dem es auf jeden Fall gelingen wird, Job und Familie unter einen Hut zu bringen. Und trotzdem bin ich überzeugt, dass wir immer Handlungsspielraum haben und, ganz im Sinne des Minimalismus, genau hinschauen und entscheiden können: Was brauchen wir wirklich?

Warum wir kein schlechtes Gewissen haben müssen

Es ging in diesem Buch schon viel um Erwartungen – an uns als Mutter und Vater, an unsere Kinder. Befassen wir uns mit dem Arbeiten, kommt noch eine weitere Dimension dazu, schließlich erwarten wir ja auch im Job Höchstleistung von uns. Wenn ich mir genauer anschaue, woher wir kommen, wundert mich das nicht: Schon in der achten Klasse absolvierte ich mein erstes Bewerbungstraining. Alibimäßig wurde ich von meinen Lehrkräften nach meinen Interessen gefragt, meine eigentlichen Fähigkeiten spielten keine Rolle. Sie bläuten uns ein, worauf Arbeitgeber Wert legten und welche Erwartungen wir auf dem Arbeitsmarkt zu erfüllen hatten. Niemand sagte uns, wozu wir talentiert sind, wo unsere Ressourcen liegen. Im Gegenteil: Die Sorge darum, nicht gut genug zu sein, sie wurde uns von klein auf antrainiert.

Der Fetisch Erwerbsarbeit

Die Formel für 300-prozentige Wracks

Als Kind der Jahrtausendwende war ich also bestens vorbereitet auf ein Erwachsenenleben in der Leistungsgesellschaft, getrieben von etwas, das Autorin und Feministin Teresa Bücker treffenderweise mit dem Begriff des »Erwerbsarbeitsfetischs« bezeichnet.[1] Wir definieren uns über unsere Berufstätigkeit. Der Job schafft Identität, bringt Anerkennung. Wer arbeitet, der leistet etwas — sofern die Person dafür auch bezahlt wird. Eine Mutter oder ein Vater, die ihre Kinder versorgen oder ihre eigenen Eltern pflegen, die im Kindergartenbeirat sitzen oder eine Fußballmannschaft trainieren, kommen in dieser Rechnung gar nicht vor. Leistung, darum ging es damals. Und darum geht es heute auch noch viel zu oft — als Eltern und als Arbeitende.

Doch bevor wir darüber nachdenken, wie wir diese Rollen miteinander in Einklang bringen können, brauchen wir vor allem eines: Ehrlichkeit. Denn schon mit dem Wort *Vereinbarkeit* bringen wir etwas zusammen, das eigentlich nicht zusammengeht. Wir können nicht bedeutsame Beziehungen zu unseren Kindern und gleichzeitig Exceltabellen pflegen. Wir können nicht Verantwortung für ein Team übernehmen und gleichzeitig beim Kindergartenfest aushelfen. Job und Familie sind zwei divergierende Pole, sie stoßen sich ab wie Plus und Minus.

Das Wort Vereinbarkeit aber suggeriert, es könnte tatsächlich gelingen. Sprechen wir von Vereinbarkeit, gehen wir selbstverständlich davon aus, Familie und Job passten schon unter einen Hut — sofern wir uns nur richtig anstrengen. Dabei ist es in der Realität eine Unvereinbarkeit. In der Kommunikationswissenschaft spricht man in so einem Fall von Framing.

Darum sind übrigens auch die vielen Kinder in den Zoom-Konferenzen ihrer Eltern während der Coronapandemie so problematisch. Nicht, weil Kinder stören. Im Gegenteil sogar: Meist lockern Kinder die Stimmung der Teilnehmenden deutlich auf. Kinder auf dem Schoß sind meistens lustig — jedoch nur für die Zuschauenden, nicht für die Eltern. Denn niemand kann konzentriert der Konferenz folgen, wenn der Dreijährige mit dem Kuli durch den Kaffee rührt. Aber es entsteht erst einmal das Bild: Homeoffice und Kinderbetreuung? Geht doch! Auch das ist Framing.

Mit der Vereinbarkeit haben wir also eine Rechnung, die gar nicht aufgehen kann. Ich finde, diese Einsicht entlastet enorm, weil wir merken: Wir sind nicht die einzigen, die sich bei diesem Spagat regelmäßig die Beine verrenken. Es geht ja fast allen so! In seinem Buch zitiert Autor Birk Grüling die ehemalige Familienministerin Renate Schmitt, die sagt: »Eine Frau kann nicht 100 Prozent Frau sein, 100 Prozent Mutter, 100 Prozent Frau im Beruf.

Sonst ist man schnell ein 300-prozentiges Wrack.«[2] Ein Umstand, der sicher auch auf Männer zutrifft.

> »Wir brauchen nicht nur ein gütigeres Bild von uns als Eltern, wir brauchen ein gütigeres Bild von uns als berufstätige Eltern.«
>
> Leonie Schulte

Der erste Schritt zu einer besseren Vereinbarkeit all unserer Rollen ist meiner Ansicht nach die radikale Akzeptanz, dass wir nicht auf allen Seiten 100 Prozent geben können. Wie im ersten Kapitel bereits beschrieben: Was wir wirklich brauchen, sind weniger Erwartungen, mehr Einverstandensein mit dem, wer wir sind und was wir schaffen können. Erkennen wir die Herausforderung von der Unvereinbarkeit ehrlich an, fällt es uns leichter, die Belastungen zu verstehen und, noch wichtiger, für Entlastung zu sorgen.

Natürlich kenne ich dieses schlechte Gewissen selbst. Das Gefühl, weder dem Job, noch den Kindern gerecht zu werden. Auch ich habe schon einer Erzieherin ein weinendes Kind in den Arm gedrückt, weil ich morgens dringend los musste. Und sicher hätten meine Auftraggeber gern meine Texte pünktlich und fehlerfrei auf dem Tisch liegen. Geht aber nicht, wenn die Kinderbetreuung mal wieder ausfällt. Dem schlechten Gewissen versuche ich damit zu begegnen, dass ich meinen Blick auf die Habenseite lenke. Weil ich weiß, dass 100 Prozent nicht möglich sind und ich Abstriche machen muss, konzentriere ich mich in solchen Momenten auf das, was gut läuft.

Bei uns ist es zwar so, dass ich viel arbeite, dafür aber sehr flexibel bin. Dass ich morgens aus dem Kindergarten hetzen muss, kommt äußerst selten vor. Manchmal bleibe ich sogar zum Frühstück (danke lieber Kindergarten, dass ihr das möglich macht). Es sind bloß 25 Minuten, aber sie geben mir die Chance, am Leben meiner jüngsten Tochter teilzuhaben. Ich bin nicht immer für sie da, aber ich glaube, ihr in solchen Momenten das Gefühl geben zu können: Du bist mir wichtig!

So wichtig mir meine Kinder auch sind, sie haben nicht immer Priorität in meinem Alltag. Manchmal sage ich ihnen: »Nein, jetzt nicht«, wenn ich einen Gedanken zu Ende denken oder eine E-Mail schreiben muss. Das fühlt sich weder für sie, noch für mich schön an. Nach solchen Momenten horche ich dann in mich hinein, frage mich, wie oft das in der letzten Zeit vorgekommen ist. Entweder das schlechte Gewissen verschwindet dann, weil ich spüre, wie viel Raum die Kinder grundsätzlich haben. Oder es bleibt. Dann justiere ich nach und nehme mir bewusst Zeit ohne Arbeit und mit den Kindern.

Kindern ein gutes Leben vorleben

Weniger Stress, mehr Balance

Nicht zuletzt möchte ich meinen Töchtern ein Vorbild dafür sein, sich ein erfülltes Leben zu gönnen. Weil wir Mütter mehr sein dürfen als *Bedürfniserfüllungsmaschinen,* wie Bloggerin Melanie Trommer schreibt.[3] Ich möchte Zeit haben für die Dinge, die ich liebe, die bedeutsam für mich sind. Das ist meine Familie — aber eben nicht nur: Mein Beruf, meine Freundschaften, mein Sport brauchen auch ihren Raum. Ich wünsche meinen Töchtern, dass sie ihr Leben später auch so gestalten, dass alles Bedeutsame darin Platz findet.

Weil wir in einer Doppelrolle stecken, haben wir nicht nur unseren Kindern gegenüber ein schlechtes Gewissen. Viel zu oft starren wir auch im Job auf unsere Unzulänglichkeiten. Viele Mütter und Väter haben zum Beispiel das Gefühl, aufgrund der Kinder ohnehin schon viel auf der Arbeit zu fehlen — und nehmen deswegen keinen Kinderkrankenschein. Was sie wissen sollten: Eltern häufen im Vergleich zu ihren kinderlosen Kolleginnen und Kollegen gar nicht unbedingt mehr Krankentage an, wie die Techniker-Krankenkasse 2016 herausfand.[4] Berufstätige Eltern über 40 Jahre fehlten sogar seltener als Mitarbeiter ohne Kinder. Mütter und Väter unter 40 sind im Schnitt nur zwei bis drei Tage häufiger krank als Kinderlose. Auch weil Eltern sich im Krankheitsfall der Kinder oder bei fehlender Kinderbetreuung anderweitig behelfen.

Wir sind keine Bedürfniserfüllungsmaschinen.

Und wir haben sogar allen Grund, selbstbewusst am Arbeitsmarkt aufzutreten. Schließlich bringen wir als Eltern zahlreiche Fähigkeiten mit, die für den Erfolg eines Unternehmens zukunftsweisend sind, wie Kommunikation, Selbstorganisation und Kooperation. Die meisten Mütter und Väter müssten wohl kaum teure Kompetenzschulungen dafür besuchen. Diplom-Psychologe Joachim Lask rät Eltern, sich der eigenen Fähigkeiten bewusst zu werden: »Damit wird die Last vielleicht nicht weniger, aber das Kompetenzerleben und Selbstbewusstsein wird größer.«[5]

Vielleicht trauen wir uns sogar noch mehr Kühnheit zu. Statt uns zu fragen, wie wir unser Leben besser auf den Job abstimmen können, könnten wir uns fragen: Passt der Job überhaupt noch zu mir? Gar nicht so selten fangen wir erst als Eltern an, alte Entscheidungen infrage zu stellen. Unsere Kinder könnten ein wichtiger Gradmesser für unsere berufliche Zukunft werden. Nicht, weil sie uns bremsen. Sondern weil sie uns den Schubs in die richtige Richtung geben. Denn wir Menschen haben eine uns innewohnende Wachstumstendenz. Wir haben eine Sehnsucht danach, Neues zu entdecken, uns zu entfalten. Das muss nicht, kann aber eben auch unseren Job betreffen. Dazu müssen wir uns erlauben, zu hadern, uns kritisch zu hinterfragen. Und vermutlich müssen wir aushalten, unbequeme Antworten zu finden. Sich wieder neu auf die Suche zu machen, ist anstrengend, klar. Aber es kann auch überaus befreiend sein.

Schließlich ist die Vereinbarkeit von Familie und Beruf seit vielen Jahren ein wichtiges Thema für Arbeitgebende. Der Fachkräftemangel hat sie dazu gezwungen, sich endlich auf den Weg zu machen. Der demografische Wandel wird die Probleme für Unternehmen noch weiter verschärfen – und jungen Eltern in die Karten spielen. Sie werden in Zukunft noch bessere Verhandlungspositionen haben, erzählt mir Professorin Irene Gerlach vom Forschungsinstitut Familienbewusste Personalpolitik im Gespräch. »Die Arbeitswelt muss einfach akzeptieren, dass Mitarbeiter eben nicht nur Arbeitskräfte sind, sondern auch Familienmenschen. Und ihnen vermitteln: Wir kümmern uns und unterstützen euch!«, so Gerlach.

Selbstverständlich brauchen wir einen Job. Aber die Unternehmen brauchen eben auch uns. Wir müssen nicht noch zäher, noch besser organisiert sein, um noch mehr Arbeit, noch mehr Leistung aus uns herauszupressen. Mit unseren vielseitigen Kompetenzen als Eltern können wir selbstbewusst in der Arbeitswelt auftreten und zahlreiche Möglichkeiten nutzen, um Beruf und Familie besser zu vereinbaren.

Natürlich gibt es Zwänge, die uns daran hindern, Elternzeiten wirklich frei zu

Selbstbewusst auf dem Arbeitsmarkt

Weniger Stress, mehr Balance

wählen und Arbeitszeiten an unsere Bedürfnisse anzupassen. Materielle Sicherheit zum Beispiel. Zwar habe ich alle meine Kinder im Studium bekommen und mein Konto war in den vergangenen 13 Jahren meiner Mutterschaft selten ausgeglichen. Dennoch habe ich keine Existenzsorgen. Ich schreibe diese Zeilen also in dem Wissen um meine Privilegien und dass sie nicht für alle gelten. Personen, die an den Rand gedrängt sind, sei es aufgrund ihrer finanziellen Situation, ihrer kulturellen Herkunft oder anderer Diskriminierungsmerkmale, für die gelten noch einmal ganz andere Spielregeln.

Passt der Job noch?

Doch gerade wir Eltern der Mittelschicht haben häufig mehr Handlungsspielraum, als wir uns im ersten Moment zugestehen. Vor allem jene unter uns, die in Partnerschaften leben. Vielleicht fangen wir gerade erst an, die Dinge in unserem Leben neu zu bewerten. Mit dem Fokus aufs Wesentliche werden wir auch das, was wir bis dato für uns als Zwang interpretierten, kritischer betrachten. Wenn wir »weniger ist mehr« wirklich leben, können wir uns noch einmal ganz bewusst fragen: Welchen Lebensstandard benötige ich und wie viel Arbeit brauche ich, um mir dieses Leben zu leisten?

Tipp:
Stellen wir uns folgende Fragen:

- Wie viele Stunden wenden wir im Durchschnitt täglich für die beiden Bereiche Familie und Arbeit auf?

- Und wie viel Zeit würden wir gern für beide Bereiche haben – gäbe es keinerlei Einschränkungen und Denkbarrieren?

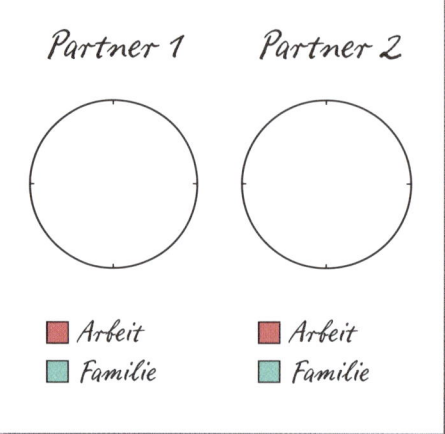
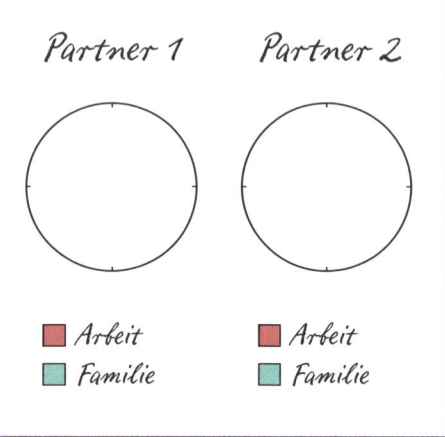

- Wie viele Stunden müssen wir arbeiten, um so viel Geld zu verdienen, dass wir unseren Lebensstandard mit gutem Gefühl halten können?

- Was glauben wir: Wie viel Geld sollten wir eigentlich verdienen? Und wie viele Stunden müssten wir dafür täglich arbeiten?

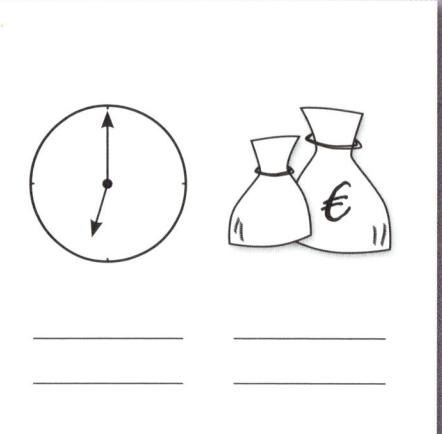
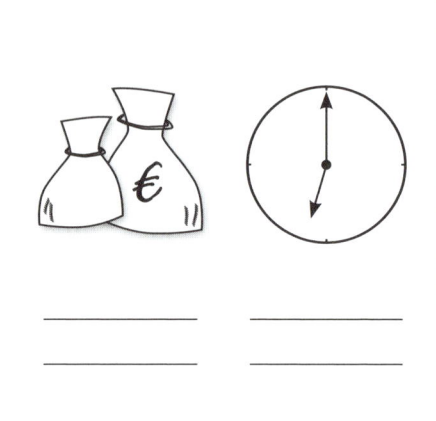

Wir brauchen einen neuen Teamgeist

Genügend Zeit für uns und die Familie zu haben, aber im Job nicht nachlassen wollen: Für Eltern ist das immer noch eine unlösbare Aufgabe. Das liegt vor allem daran, dass viele von uns die Dinge immer noch nicht gerecht verteilen. Weil die Vereinbarkeit oft immer noch so gedacht wird, dass sich für den Mann so wenig wie möglich ändert.

Den meisten ging es bis zur Geburt des ersten Kindes vermutlich so: Beide arbeiteten etwa gleich viel, beide übernahmen Aufgaben im Haushalt, beide machten ihr Ding. Doch sobald Kinder ins Spiel kommen, machen heterosexuelle Paare die viel beschworene Rolle rückwärts. »Ab dem positiven Schwangerschaftstest denken werdende Mütter über ihre Berufstätigkeit nach. Die werdenden Väter denken währenddessen vielleicht darüber nach, ob sie zwei oder vier Vaterschaftsmonate nehmen«, stellt Autorin Mareice Kaiser fest.[6]

Tatsächlich ist die Realität oft so: Als Vater arbeitet der Mann sogar mehr als seine kinderlosen Kollegen.[7] Und die Frau geht erst in Elternzeit und arbeitet dann in Teilzeit weiter. Weil ein Familienleben mit zwei Vollzeit-Arbeitenden schwer zu realisieren ist. Und weil es sich finanziell auch gar nicht unbedingt lohnt. »Der Heiratsmarkt bezahlt Frauen besser als der Arbeitsmarkt«, sagt Jutta Allmendinger, eine der renommiertesten Soziologie-Professorinnen der Bundesrepublik.[8]

»Der Heiratsmarkt bezahlt Frauen besser als der Arbeitsmarkt.«

Prof. Jutta Allmendinger

Es gibt noch immer ein Gehaltsgefälle zwischen Männern und Frauen. Doch während dieses allmählich schrumpft, wächst dagegen der Unterschied zwischen Müttern und kinderlosen Frauen. Motherhood Lifetime Penalty nennen Forschende der Bertelsmann Stiftung diesen Einkommensunterschied. Und der hat es in sich: Bis zu 70 Prozent ihres sogenannten Lebenserwerbseinkommens verlieren Frauen, wenn sie Kinder bekommen.[9] Bei drei Kindern sprechen wir hier von rund einer Million Euro, die mir fehlen werden. Weil auch wir als Paar uns Arbeits- und Familienzeiten lange nicht gerecht aufgeteilt haben.

Dabei ist der Wunsch unter Eltern groß, es anders zu machen. Junge Mütter wünschen sich mehr Zeit für ihre Berufstätigkeit. Und junge Väter hätten gern mehr Zeit für die Familie.[10] Und tatsächlich könnte hier der Schlüssel liegen.

Väter tragen Fürsorgeverantwortung.

Interview

»Es ist meine Pflicht, als Vater da zu sein.«

BIRK GRÜLING
Bildungsjournalist und Autor des Buches *Eltern als Team*

Was ist es denn, was Paare wirklich brauchen, wenn sie Job und Kinder irgendwie miteinander vereinbaren wollen?
Dazu brauchen wir Eltern Unterstützung. Wir brauchen passende Rahmenbedingungen, die müssen stimmen. Eine wichtige Rahmenbedingung ist eine verlässliche Kinderbetreuung, damit das nicht nur Privatsache ist. Wir brauchen Arbeitgeber, die Familienfreundlichkeit leben und Eltern nicht diskriminieren. Neben diesen äußeren Faktoren müssen wir aber auch in der Familie über Gleichberechtigung und eine gerechte Aufgabenverteilung sprechen.

Wie es im Buchtitel schon heißt: Eltern als Team ...
Genau. Ich glaube, Vereinbarkeit geht am besten gemeinsam, also wenn Paare sich fragen: Wie können wir uns beide unseren Beruf so aufteilen, dass wir beide damit zufrieden sind? Oder wie können wir unsere Care-Arbeit zu Hause so aufteilen, dass wir beide präsent in der Familie sein können? Wie können wir die lästige Hausarbeit auf vier Schultern verteilen? Oder die Last des Familienernährers? Ich glaube, es tut gut, eine solche gemeinsame Vision von Vereinbarkeit zu haben.

Das bedeutet, dass man mehr Gespräche führen muss. Dass der Mann mehr Verantwortung zu Hause übernimmt. Warum tun Sie sich den Stress überhaupt an?
Das werde ich ganz oft gefragt und ich finde, das ist die falsche Frage. Es ist ja nicht nur Egoismus. Natürlich verbringe ich sehr gern Zeit mit meinem Kind. Aber die Frage ist doch nicht, was ich davon habe, sondern es ist meine Pflicht als Vater. Mein Kind profitiert davon, dass ich ein präsenter Vater bin, das heißt, ich schulde es meinem Kind, da zu sein. Und ich habe mich auch für dieses Kind

entschieden, das ist jetzt nicht einfach so passiert. Ich habe auch meiner Frau gegenüber eine Verantwortung. Gemeinsam sind wir gestartet, deshalb kann ich nicht verantworten, dass sich meine Frau in so einer Doppelbelastung aufreibt und dann völlig am Ende ist — gesundheitlich, psychisch. Also muss ich meinen Beitrag dazu leisten, die Belastung gut aufzuteilen.

Sie sehen es als Pflicht, aber Sie schreiben auch, wie gut es sich anfühlt, kompetent zu sein.
Aktive Vaterschaft fühlt sich gut an. Niemand wird am Ende des Lebens sagen: »Mit 30 habe ich in einem Jahr 100 000 Euro verdient! Darauf bin ich sehr stolz.« Höchstens bereuen wir auf dem Sterbebett, wenn wir nicht bei unserer Familie waren. Das möchte ich nicht bereuen. Mein Vater ist in der Schwangerschaft meiner Frau verstorben. Unser letztes Telefonat war kurz vor seiner OP. Ich habe ihn gefragt, ob er Angst hat. Er hat zu mir gesagt: »Ich habe dich aufwachsen sehen, ich war präsent. Wovor soll ich jetzt Angst haben?« Das war für mich ein unheimlich tolles letztes Wort. Das möchte ich ähnlich haben. Auf der anderen Seite finde ich es auch einfach toll, Vater zu sein. Ich gehe gern Kinderbücher shoppen, unterhalte mich gern mit Kindern, ich liebe Spielzeugläden und ich fand auch Wickeln oder Füttern schön. Ich gehe voll darin auf. Das ist aber auch eine Typsache.

Sind Väter, die weniger aktiv sind, gleich schlechte Väter?
Ich glaube, es sind andere Väter. Es ist für sie deutlich schwerer, aktiv und präsent zu sein. Aber je weniger Zeit ich mit meiner Familie verbringe, desto weniger Chancen habe ich, am Alltag teilzunehmen und auch in schwierigen Momenten da zu sein. Aber genau das ist sehr wichtig für die Bindung.

Viele Paare leben ja durchaus gleichberechtigt und wollen das auch beibehalten. Dann aber kommen die Kinder und sie machen eine Rolle rückwärts. Was können Paare tun, um aus dieser Falle wieder herauszukommen?
Ich glaube, dieser Schritt, dass sie das beibehalten wollen, passiert kaum. Viele Paare leben vorher gleichberechtigt und rutschen dann in eine Rollenverteilung, die von ihnen erwartet wird. Die Mutter geht lange in Elternzeit, der Vater nimmt die zwei »Vatermonate«. Ich glaube tatsächlich, dass das anders wäre, wenn man sich vor der Geburt einmal hinsetzen und nicht nur über den passenden Kinderwagen sprechen, sondern sich fragen würde: Wie wollen wir als Eltern eigentlich sein?

Die Familienvision, von der Sie schreiben?
Ja, genau. Wenn man einen Grundkonsens hat, wie man Elternschaft leben möchte, und regelmäßig im Gespräch bleibt, kann man auf Veränderungen, etwa beim Wiedereinstieg in den Job, leichter reagieren und das eigene Lebensmodell in allen Facetten anpassen, und zwar gemeinsam.

Was genau beinhaltet diese Familienvision?
Es beginnt mit der Auseinandersetzung mit einer eigenen Vorstellung von Elternschaft. Habe ich davon eine Idee, spreche ich mit meinem Partner bzw. meiner Partnerin darüber und suche nach einem Familienmodell, das für beide Vorstellungen passt. Das ist der zweite Schritt. Der kann auch sehr konkret werden: Wer bleibt lange in Elternzeit, wie sieht es dann aus, wenn das Kind älter wird, von welchen Familienmitgliedern nehmen wir Hilfe an? Am Anfang ist das supertheoretisch, aber ich finde es gut, um einen Grundkonsens zu finden. Viele Konflikte entstehen ja, weil man vorher gar nicht über die eigenen Vorstellungen und Erwartungen gesprochen hat.

War Ihnen von Anfang an klar, dass Sie es anders machen wollten? Hatten Sie so eine Familienvision, bevor Ihr Sohn zur Welt kam?
Nicht so detailliert, wie ich sie im Buch beschreibe. Ich hatte vor allem ein Bild vor Augen, und das waren die tragenden Väter. Ein Vater mit Kind vor der Brust, das fand ich cool. Trotzdem sind auch wir nach der Geburt erst mal in traditionelle Rollenbilder abgerutscht — obwohl wir beide gleich viel verdient haben. Ich war drei Monate in Elternzeit, auch nicht allein. Als mein Sohn vier Monate alt war, bin ich in Teilzeit gegangen, um präsenter zu sein. Trotzdem hat es sehr lange gedauert, bis wir Gleichberechtigung erreicht hatten. Von der Idee einer Familienvision hätte ich gern vorher gewusst.

Eltern verhandeln aber nicht allein darüber, wie sie sich aufteilen. Sie sagen es ja: Die Gesellschaft und ihre Rollenbilder tragen auch dazu bei.
Natürlich braucht es für Gleichberechtigung auch die Rahmenbedingungen, etwa die Überwindung der Gender-Pay-Gap. Aber auch durch kleine Schritte können wir viel bewegen. Der Mann geht dann vielleicht nicht genauso lang in Elternzeit, teilt sich aber seine Arbeitszeiten anders ein, damit er zu Hause präsenter ist und mehr Verantwortung übernimmt. Ein ganz großer Faktor ist einfach der Wille dazu. In meinem Buch habe ich das Beispiel des Kfz-Mechanikers, der familienfreundlichere Arbeitszeiten haben wollte und statt im Schichtdienst nun im Wareneinkauf arbeitet. So kann er die Nachmittage mit der Familie verbringen. Der erste Schritt ist also, zu erkennen, dass ich nicht mehr in den alten Rollenbildern leben möchte. Im zweiten Schritt muss ich mich proaktiv auf die Suche machen und schauen, an welchen Stellschrauben ich drehen kann, um in diese Richtung zu kommen.

Welche Stellschrauben können das sein?
Ein ganz klassisches Beispiel ist der Wiedereinstieg, den können wir viel aktiver gestalten. Im ersten Schritt muss ich mit mir und dann mit meinem Partner

klären, wie ich mir die Rückkehr in den Job vorstelle und wie sich dadurch unsere Rollen verändern. Danach sollte man auch mit seinem Arbeitgeber über die eigenen Ansprüche und die Möglichkeiten sprechen. Das ist durchaus ein Aushandeln: Was kann ich dir anbieten, was kannst du mir anbieten? Dieser Punkt wird oft unterschätzt! Meistens hat nämlich der Arbeitgeber ein großes Interesse daran, all seine Mitarbeiter zurückzubekommen. Auch Frauen — selbst wenn sie oft nur in Teilzeit zurückkommen, sind sie ja sehr hoch qualifiziert. Dieses Wissen zu verlieren, das kann sich eigentlich keiner mehr erlauben. Da brauchen wir Eltern mehr Selbstbewusstsein.

Eine Familienvision entwickeln

Ist es nicht auch der Blick auf Karriere, der sich vor allem bei den Männern ändern muss?
Ja, das muss er — und vielleicht ändert sich das auch schon. Es gibt ja Studien, die sagen, dass Männer mehr Zeit mit den Kindern verbringen wollen.

Aber am Ende tun sie es nicht ...
Genau. Am Ende tun sie es nicht. Und ich glaube, dass dieses Wollen noch stärker von beiden Seiten eingefordert werden sollte. Es muss in den Unternehmen erleichtert werden. Es muss möglich sein, nicht nur mit 60 Stunden pro Woche eine Führungsposition zu übernehmen. Väter dürfen es also nicht nur bei Lippenbekenntnissen belassen. Viele haben sicher auch Angst vor Karriereeinbußen. Und dieses Gejammer darum ist Quatsch! Was sollen denn da die Frauen sagen? Ich glaube tatsächlich, dass die Väter da ein großer Faktor sind, um diese Elterndiskriminierung auch abzubauen.

Kann man noch mal nachjustieren und zum aktiven Vater werden, auch wenn man die ersten Jahre verpennt hat?
Für aktive Vaterschaft ist es eigentlich nie zu spät. Allerdings wird die Umstellung mit der Zeit schwieriger. Wenn ich von Tag eins an konsequent Gleichberechtigung lebe und die Mental Load verteile, habe ich natürlich mehr Routinen. Steigt der Vater erst später ein, muss er natürlich erst mal herausfinden, wie der Kinderarzt heißt und wo er die Matschhosen herbekommt. Das ist dann vielleicht mehr Arbeit, aber sicher nichts, was das Ganze unmöglich macht. Das hat auch die Coronapandemie gezeigt, in der plötzlich viele Väter mehr Care-Arbeit leisten mussten, weil sie nun mehr zu Hause waren und die Partnerin vielleicht auch noch in einem systemrelevanten Beruf arbeitete.

Viele Forschende sind sich einig: Ein wesentlicher Beitrag zur gelingenden Vereinbarkeit liegt in der Partnerschaftlichkeit.[11] Auf der Paar-Ebene ist es offensichtlich, warum sich Gleichberechtigung lohnt. Einfach, weil die Lasten für den Einzelnen geringer werden, wenn sie auf vier, statt auf nur zwei Schultern liegen (siehe Kapitel 4).

Aber auch gesellschaftlich ist es wichtig, die Partnerschaftlichkeit zu fördern. Weil strukturelle Nachteile nur dann verschwinden, wenn Väter genauso wie Mütter als das gesehen werden, was sie sind: Menschen mit Fürsorgeverantwortung. Wenn der angestellte Vater genauso ausfallen könnte, wenn das Kind kränkelt oder die Kita schließt, werden Frauen auch seltener als potenziell Schwangere, als Mutter in Elternzeit oder als vermeintliche Halbtagsmutti aufs berufliche Abstellgleis abgeschoben. Dann müssen die Frauen auch nicht mehr das Gefühl haben, 130 Prozent geben zu müssen, um ihre 50-Prozent-Stelle angemessen erfüllen zu können.

Und nicht nur als Eltern profitieren wir von einer Teamleistung. Forschende der OECD weisen darauf hin, dass Söhne von berufstätigen Müttern als Erwachsene später selbst häufiger Aufgaben in der Fürsorge- und Hausarbeit übernähmen als Söhne von Hausfrauen. Und Töchter berufstätiger Mütter sind in der Regel erfolgreicher im Job als jene, deren Mütter vorwiegend zu Hause geblieben sind.[12] Wie wir als Eltern unser Leben gestalten, trägt maßgeblich dazu bei, wie unsere Kinder das ihre später gestalten werden. Ein Grund mehr, sich bewusst mit der eigenen Rolle als Eltern und im Job auseinanderzusetzen.

Wir brauchen das Ideal der Vielfalt

Die meisten Studien zur Vereinbarkeit von Familie und Beruf kommen zum selben Ergebnis: Eltern fehlt die Zeit. Zeit für die Kinder, Zeit für den Beruf, Zeit für sich selbst. Wir sind in dieser Rushhour des Lebens gefangen, in der alles gleichzeitig stattfinden soll. Wir jonglieren immer hektischer, statt diese ganze Zirkusnummer infrage zu stellen.

Zum Beispiel ist es für junge Eltern heute völlig selbstverständlich, das Kind nach einem Jahr in die Betreuung zu geben. Ich schaue mit Staunen darauf. Nicht, weil ich mir anmaße beurteilen zu können, was für die eine Familie der richtige, der bessere Weg sein könnte. Ich staune über die Wirkkraft politischer Entscheidungen und über die Geschwindigkeit, mit der wir unser Verhalten an diese Entscheidungen anpassen.

Als meine älteste Tochter 2009 geboren wurde, war die Elterngeldreform gerade einmal zwei Jahre her. Mein Mann war der erste in seinem Unternehmen, der als Vater Elternzeit beantragte. Von neuen Vätern sprach zu dieser Zeit kaum jemand. Und ich war ein Sonderling in unserer Pekip-Runde, weil ich mein Kind *schon* mit zwei Jahren in die Kita geben wollte. Vier Jahre später kam meine mittlere Tochter zur Welt. Auch da fiel ich aus der Norm, aber anders. Weil ich mein Kind *erst* mit zwei Jahren in die Kita geben wollte. Und bei meiner dritten Tochter endete der Pekip-Kurs ohnehin schon früher, weil nach zehn Monaten die meisten Kinder bereits mitten in der Eingewöhnung steckten.

Die Elterngeldreform hat dazu beigetragen, dass Mütter schneller in den Beruf zurückkehren. Das ist zum Beispiel mit Blick auf die drohende Altersarmut ein Weg in die richtige Richtung. Die Reform hat aber auch dazu geführt, dass wir heute eine frühe Rückkehr in den Job erwarten. Wie die Zahlen von 2020 zeigen, beantragten die meisten Väter, wenn sie überhaupt Elternzeit genommen haben, die minimale Bezugsdauer von zwei Monaten. Die meisten Mütter hingegen beantragten das Elterngeld für einen Zeitraum von zehn bis zwölf Monaten.[13] Obwohl es inzwischen viele andere Möglichkeiten gibt, die Elternzeiten aufzuteilen, ist 12+2 das neue Normal. Genauso wie Vollzeit für Papa, Teilzeit für Mama immer noch die Norm ist.

Das mit den Normen ist aber so eine Sache. Sie helfen bei der Orientierung. Sie erschweren einem aber auch, die Dinge zu hinterfragen und sie gegebenenfalls anders zu machen. Von einer guten Mutter erwarten wir inzwischen, dass

Das neue Normal

sie kaum ein Jahr nach der Geburt wieder in den Job einsteigt. Dass sie auch in dieser Rolle ihre Erfüllung findet. »Das Rollenbild der Frau hat sich stark verändert, aber die gesellschaftlichen Rahmenbedingungen nicht«, sagt Anne Schillig vom Müttergenesungswerk.[14] Die Mutter als berufstätige Alleskönnerin – ohne doppelten Boden.

Manchmal sprechen Zahlen ja eine deutliche Sprache: 40 Stunden wenden Eltern in der Woche für ihre Kinder auf. Und zwar unabhängig davon, ob die Eltern erwerbstätig sind oder nicht.[15] Trägt eine berufstätige Mutter allein die Verantwortung fürs Familienmanagement, bleibt in ihrem Alltag ein bisschen Platz für den Haushalt und, wenn sie Glück hat, ein bisschen Zeit zum Schlafen. Die wachen Stunden gehören der Wirtschaft, die müden der Familie, schreibt Autorin Bücker (siehe unten).

Das soll kein Plädoyer für alte Rollenmuster werden und grundsätzlich begrüße ich die Reformen, die uns als berufstätigen Eltern das Leben leichter machen können. Aber wir müssen den Rahmen neu verhandeln! Ich wünsche jeder Familie den Mut, Arbeit und Fürsorgeverantwortung so zu gestalten, wie es für sie stimmig ist. Dazu muss in erster Linie die Politik die Rahmenbedingungen schaffen (siehe auch: Das brauchen wir von der Politik, S. 142). Und dazu müssen wir uns erlauben, weiter zu denken, als in 12+2-Modellen und 20- und 40-Stunden-Stellen. Wir brauchen keine starren Vorstellungen, wir brauchen die Freiheit, unsere Zeit selbst zu gestalten. Damit noch Raum bleibt für erfüllende Begegnungen mit den Kindern, für Banales wie Einkäufe, für Notwendiges wie Kinderarztbesuche, für Bedeutsames wie Gespräche mit den eigenen Eltern,

Teresa Bücker:[16] »Ich will leben.«

»Insbesondere Eltern denken zu oft: Wenn ich etwas anderes will als das, bin ich raus, dann bin ich schwach, dann habe ich keinen Ehrgeiz. Ich denke eher: Wenn ich etwas anderes will als das, dann will ich leben. Ich habe es ja tatsächlich selbst erst verstanden, nachdem ich ein Kind bekommen hatte: Die Zeit, die neben einem Vollzeitjob übrig bleibt, ist einfach zu wenig, um in meiner Elternrolle glücklich zu sein. Auf der anderen Seite dieser Erkenntnis stand, dass ich eben auch nicht wusste, wie ich meine Ansprüche an meinen Job realisieren sollte, ohne 40 Stunden und mehr zu arbeiten. Es wollte nicht in meinen Kopf, dass ich meine Arbeit lieben kann, ohne sehr viel zu arbeiten. Wenn ich das so aufschreibe, merke ich, wie absurd das ist. Warum sollte ich denn meinen Job nicht lieben können, wenn ich nur 20 Stunden pro Woche arbeite?«

Weniger Stress, mehr Balance

den Kaffee mit der Freundin, das Engagement im Kiez.

Was mich zum Beispiel am allermeisten in der Kleinkindphase entlastet hätte, wäre die Gewissheit gewesen, auch noch in einigen Jahren im Job durchstarten zu können. Nicht, dass ich für einige Jahre ganz hätte aussteigen wollen. Aber ich hätte mir mehr Gelassenheit gewünscht. Schauen wir einmal genauer hin: Auf die Lebenszeit gemessen ist die Phase, in der unsere Kinder klein und betreuungsintensiv sind, wirklich sehr kurz. Wir haben danach noch 30, wenn nicht gar 40 Jahre, die wir arbeiten müssen. Warum noch gleich glauben wir, ausgerechnet in dieser Phase alle wichtigen Weichen stellen zu müssen? Sind wir fünf, sechs Jahre später weniger kompetent, weniger ehrgeizig? Das ist absurd! Zumal ich inzwischen eine Teenager-Tochter habe und weiß, dass wir mit großen Kindern plötzlich wieder deutlich mehr Kapazitäten haben werden für mehr Zeit im Job — oder auch ganz andere Dinge.

Wenn es unser Wunsch ist, unser Leben nachhaltig zu entschleunigen, können wir vieles von dem, was in den vorangegangenen Kapiteln steht, auch auf die Vereinbarkeitsfrage anwenden.

Karriere vielleicht erst später?

Wir könnten damit beginnen, alte Glaubenssätze zu hinterfragen (siehe auch Kapitel 1). Bleibt eine gute Mutter wirklich die ersten Jahre ausschließlich bei ihrem Kind? Müssen wir mit Anfang 30 ernsthaft alle Weichen im Job gestellt haben, um nicht auf dem Abstellgleis zu landen? Oder können wir das auch ganz anders denken? Wäre es so absurd, erst mit Anfang 40 im Job durchzustarten? Oder Elternzeiten komplett paritätisch zu teilen und das Kind mit drei Jahren in die Kita zu geben?

Eine gute Portion Egal-Kompetenz hilft nicht nur, nachsichtiger mit der eigenen Fehlbarkeit zu sein. Sie hilft auch, sich von absurden Erwartungen zu befreien. Pfeifen wir doch ein bisschen mehr darauf, was die Gesellschaft,

unsere Vorgesetzten oder unsere Schwiegermutter von uns erwarten. Und trauen wir uns, zu fragen: Was brauchen wir wirklich an Arbeit, an Familienzeit und an Zeit für uns, um glücklich zu sein?

Es hilft uns, realistische Vorstellungen davon zu haben, was wir leisten können und was wir zu leisten bereit sind. Der Tag hat nur 24 Stunden. Wir können nicht acht Stunden davon arbeiten, vier Stunden lang präsente Eltern sein, am Abend von der Schulpflegschaft zum Tennistraining und dann zur geselligen Bierrunde mit unseren Freunden stoßen.

Minimalistisch heißt für mich auch, sich auf das zu fokussieren, was man beeinflussen kann. Und nur das zu planen, was realistischerweise planbar ist. Statt also zu überlegen, was unser beruflicher Zehn-Jahres-Plan ist, plädiere ich dafür, den Alltag im Hier und Jetzt so zu gestalten, dass wir ihn bewältigen können. Weil es eben nur die Gegenwart ist, die sich erleben lässt.

Trotzdem dürfen wir Themen wie Altersarmut nicht völlig ausblenden. Auch hier empfehle ich einen realistischen Blick auf unsere Bedürfnisse: Was ist es, was wir an Geld gerade brauchen, was brauchen wir in den kommenden Jahrzehnten? Und wie können wir uns das gerecht aufteilen?

Vielleicht bleiben wir länger zu Hause, oder wir kehren bereits nach vier Monaten zurück in den Job. Vielleicht kündigen wir und fangen etwas ganz Neues an. Vielleicht haben wir ein Jahr Elternzeit eingereicht, spüren aber, wie schwer das Herz wird bei dem Gedanken, wieder voll in den Job einsteigen zu müssen. Wir brauchen kein eindimensionales Ideal der berufstätigen Mutter und das Ideal des Familienernährers. Wir brauchen das Ideal der Vielfalt. Dazu brauchen wir ganz unterschiedliche Vorbilder, die uns keine Alles-ist-möglich-Märchen erzählen. Aber die uns teilhaben lassen an ihrer Geschichte, an ihrem Gewordensein. Die uns Mut machen, unseren eigenen Weg finden zu wollen. Schließlich geht es bei der Suche nach Balance um nichts weniger als um die Vereinbarkeit von Beruf und Leben.

Gerechte Altersabsicherung

Job-Coachin Katrin Wilkens macht Vorschläge, wie Paare auch dann das Thema Altersabsicherung gerechter aufteilen können, wenn sie im klassischen Zuverdiener-Modell leben.[17] Zugegeben, sofern halbwegs Geld im Spiel ist. Möglich wäre zum Beispiel, dass der Mann seinen Anteil in die Altersvorsorge der Frau einzahlt. Verglichen mit dem Teil, den der Mann in seine Rentenkasse einzahlt, wird es vermutlich immer noch nicht gerecht sein, aber besser als nichts. Eine weitere Möglichkeit wäre, das Paar finanziert zusammen eine kleine Eigentumswohnung, in deren Grundbuch nur die Frau eingetragen wird. Weiterer Vorteil: Die Frau könnte dort zur Not mietfrei einziehen, wenn alle Stricke reißen. Auch ein Ehevertrag wäre eine Chance auf Gerechtigkeit, sofern er festlegt, dass der Frau ein erhöhter Anteil der bisherigen Zugewinngemeinschaft zusteht, damit sie im Falle einer Trennung abgesichert ist.

Der ideale Tag

Stellen wir uns vor, wir könnten 24 Stunden unseres Alltags genau so gestalten, wie wir ihn uns wünschen. Wie sähe der perfekte Tag für uns aus? Wie viel Zeit würden wir mit Arbeiten verbringen? Wie viel mit unseren Kindern? Wie viel Zeit würden wir all den anderen Dingen schenken, die ebenfalls bedeutsam sind in unserem Leben? Schreiben wir es auf:

Das ist natürlich eine Idealvorstellung. Auch nach dem Ausmisten bleiben Verpflichtungen, finanzielle Herausforderungen und Termine, die wir nicht frei einteilen können. Es geht auch gar nicht darum, jeden Tag zu einem perfekten Tag zu machen, sondern darum, einen Alltag zu schaffen, der uns Luft zum Atmen lässt. Der dem entspricht, was wir im Leben wirklich brauchen. Im besten Fall warten wir nicht erst auf eine Pandemie und einen Lockdown, um die eigenen Ansprüche an und unsere defizitäre Sicht auf uns kritisch zu hinterfragen.

Inzwischen bin ich überzeugt: Sind wir gütiger mit uns, hören wir mehr nach innen als nach außen, werden wir viel von unserem Ballast abwerfen. Dann erobern wir uns die Deutungshoheit über unser Leben zurück und entscheiden selbst, was wir tun wollen mit diesem einen, wilden und kostbaren Familienleben.

Vier Familien, die Vereinbarkeit leben

 Gleiches Geld, mehr Zeit
Falk, 41, aus Berlin, zwei Kinder, 4 und 1, hat sich als IT-Spezialist selbstständig gemacht, um mehr Zeit für die Familie und sich selbst zu haben. Seine Partnerin arbeitet Vollzeit.

Vielfältige Familien, vielfältige Modelle

»Mir war es lange wichtig, gutes Geld zu verdienen. Daher habe ich viel gearbeitet, war oft unterwegs. Bis Ende 30 war das auch kein Problem. Dann kam mein Sohn und ich hab gemerkt: Man kriegt kaum was auf die Kette, wenn beide Eltern viel arbeiten. Diesen Stress wollte ich nicht mehr. Das Thema Selbstständigkeit schwirrte ohnehin schon lange in meinem Kopf herum.

Als unser Sohn zwei Jahre alt war, hab ich den Schritt gewagt und meinen Job gekündigt. Ich wollte einfach mehr Zeit für ihn. Und mehr Zeit für mich. Und das hat sich gelohnt: Jetzt arbeite ich fürs gleiche Geld 60 bis 70 Prozent, und weil ich im Homeoffice arbeite, habe ich deutlich mehr Flexibilität. Und meine Zeit setze ich deutlich sinnvoller ein – weniger Bullshit, mehr Sinnvolles. Ist das Wetter gut, mache ich früh Feierabend und verbringe die Nachmittage mit meinen Kindern. Es fühlt sich gut an, nicht der klassische Familienernährer sein zu müssen.«

Zur Sicherheit: Vollzeit
Jördis, 34, alleinerziehend, lebt mit ihren drei Kindern (8, 7 und 2) am Rande des Ruhrgebiets. Sie absolviert gerade in Vollzeit eine duale Ausbildung bei der Stadtverwaltung.

»Augen zu und durch. Das trifft auf meine momentane Situation am meisten zu. Ich vergleiche die Zeit jetzt mit der Phase, als mein großer Sohn noch keine zwei Jahre alt war und dann meine Tochter geboren wurde. Der Alltag mit zwei Kleinkindern war ähnlich stressig. Es gab nie Stillstand, nie wirklich Zeit zum Durchatmen. Und dann sind drei Jahre rum und man kann sich langsam entspannen. Rückblickend merkt man dann erst, wie krass die Zeit wirklich war.

Ähnlich ist es jetzt eben auch: Ich rase durchs Leben. Mir ist klar, dass ich gerade in einer wichtigen Phase für meine Kinder wenig Zeit habe. Ich weiß aber eben auch, dass bald andere Zeiten kommen werden. Wenn ich mit meiner Ausbildung fertig bin, werde ich meine Stunden reduzieren. Das sind jetzt halt drei harte Jahre. Und ich bin trotzdem unendlich froh, das zu machen.

Ich war vorher selbstständig, hatte aber immer schon mit diesem dualen Studium bei der Stadt geliebäugelt. Jetzt bin ich allein mit den Kindern und froh um jede Sicherheit! Von diesem Beamtenjob werden wir als Familie lange etwas haben, schließlich bringt er mir Sicherheit, selbst bis zur Rente. Und das ist es mir wert.

Vereinbarkeit funktioniert also – solange einem klar ist, dass man immer einen Preis zahlen muss. Weil ich so viel Zeit wie möglich mit meinen

Kindern verbringen will, habe ich zum Beispiel meine Kontakte deutlich reduziert. Ich treffe mich nur noch mit Menschen, die ich wirklich sehen will. Und die Abende gehören erst uns als Familie und ab 20.30 Uhr mir allein. Diese Zeit abends brauche ich, sonst drehe ich durch.

Und klar ist auch: Ohne meine Mutter würde ich das alles nicht schaffen! Sie nimmt die Kinder, denn die Betreuungszeiten decken gar nicht meinen Stundenumfang auf der Arbeit ab.«

Führung: Voll da – in Teilzeit
Katrin, 34, lebt mit ihrem Partner und den beiden Kindern (3 und 6) in Lünen. Sie teilt sich ihre Führungsposition bei einer Versicherung mit einer Kollegin.

»Mein Mann ist selbstständig, daher war von Anfang an klar: Die Familienfürsorge werde vor allem ich übernehmen. Gleichzeitig mag ich meinen Job auch wirklich gern. Ich wollte also beides haben – und bin froh, dass mir mein Arbeitgeber genau das möglich macht.

Ich arbeite 20 Stunden und meine Stelle teile ich mir mit einer Kollegin. Wir führen also beide in Teilzeit ein Team von 15 Leuten. Das erfordert natürlich viel Abstimmung, aber ich empfinde es auch als sehr gewinnbringend, weil jeder seinen Teil einbringt und wir keine Revierkämpfe führen müssen.

Vielleicht ist das auch so ein Frauen-Führungsstil. Es hat aber eben viel mit der Unternehmenskultur zu tun, ob wir für voll genommen werden, selbst wenn wir nur zum Teil da sind. Und die stimmt bei uns. Hier sind wir eben nicht verschrien als Teilzeit-Muttis.«

Erneut die Schulbank drücken
Lena, 40, verheiratet, aus Lünen, hat zwei Kinder (8 und 11), ist gelernte Heilerziehungspflegerin – jetzt geht sie noch mal zur Uni.

»Als die Kinder kamen, war es mir total wichtig, für sie da zu sein. Ich habe sie so wenig wie möglich in die Betreuung gegeben und nur noch in Nachtdiensten gearbeitet. Eine Arbeit, die mich null erfüllt hat und meine Laune immer

schlechter werden ließ. Zum Ausgleich hatte ich mir zehntausend Ehrenämter gesucht. Aber das kann den Beruf einfach nicht ersetzen.

Vor drei Jahren bin ich dann mit einer Freundin den Jakobsweg entlanggewandert. Dabei hatte ich immer diesen Traum vor Augen: Ich wollte doch Lehrerin werden! Kurz zuvor hatte ich schon meinen unbefristeten Job im Nachtdienst gekündigt und als Fachkraft für einen schwerbehinderten Jungen an einer Waldorfschule angefangen. Aber eben nicht als Lehrerin und für viel weniger Geld als vorher.

Nach der Wanderung hab ich mich um einen Studienplatz in Sonderpädagogik beworben – ohne einen wirklichen Plan, wie es organisatorisch und finanziell funktionieren soll. Für mich alles andere als leicht! Plötzlich kam kein Geld mehr rein, ich wurde abhängig von meinem Mann. Kein Urlaub, viele Einschränkungen.

Natürlich hatte und habe ich Zweifel, ob ich das Richtige tue. Aber wir wachsen alle hinein in dieses neue Leben. Es lässt mich als Mutter auch entspannter werden: Fernsehen und Tiefkühlpizza? Ist auch okay! Und mein eigener Horizont erweitert sich total. Es fühlt sich oft an wie ein zweites Leben. Die einen suchen sich in der Midlife-Crisis eine Affäre oder lassen sich scheiden, ich dagegen hab mein Studium.

Auch andere Akteure sind gefragt

Damit wir Eltern unseren Aufgaben in der Familie und im Beruf gerecht werden können, müssen auch andere Akteure ihre Hausaufgaben machen. Wer die Beschwerden ächzender Eltern mit Sätzen wie »Ihr habt es euch ja ausgesucht!« abbügelt, ist nicht nur zynisch, sondern realitätsfremd. Job und Fürsorgeverantwortung ist kein Privatvergnügen. Es ist ein Gesellschaftsthema! Sich auf das Wesentliche zu besinnen heißt für mich auch, die Verantwortlichkeiten zu erkennen und von den Akteuren Handeln zu fordern. Politik und Wirtschaft sind in der Verantwortung, die Rahmenbedingungen zu schaffen, genauso wie die Verantwortlichen in den Betreuungseinrichtungen Strukturen und Konzepte bereithalten müssen, die den tatsächlichen Bedürfnissen von Familien Rechnung tragen.

Das brauchen wir von der Politik

Ein roter Faden: Damit Eltern nicht die Puste ausgeht, fordert etwa BWL-Professorin Regina Ahrens eine »atmende« Vereinbarkeit durch kohärente Vereinbarkeitspolitik.[18] Gemeint ist damit eine

Familie ist ein Gesellschaftsthema.

Weniger Stress, mehr Balance

Politik, die einem roten Faden folgt, also nicht mehr — wie es jetzt der Fall ist — durch Ehegattensplitting und Elterngeldreformen zwei völlig unterschiedliche Rollenmodelle fördert, nämlich einerseits Anreize für Frauen setzt, zu Hause zu bleiben, andererseits die Berufstätigkeit fördern will. Die Politik muss nachvollziehbar sein. Doch dieser Faden sollte flexibel bleiben, damit Maßnahmen auch immer an die Bedürfnisse aller Beteiligten angepasst werden können.

Qualitativ hochwertige Kinderbetreuung: Eine adäquate Kinderbetreuung ist keine Nettigkeit des Staates und großzügige Kita-Öffnungszeiten sind keine Gefälligkeit der Kommunen. Dies ist ihre Aufgabe, damit wir Eltern die unsere tun können, nämlich Kinder großzuziehen und arbeiten zu gehen. Mütter und Väter, die von der Politik Lösungen zur besseren Vereinbarkeit von Familie und Beruf verlangen, sollten keine Bittsteller sein und auch nicht als solche behandelt werden. Hinzu kommt: Eltern können nur dann ihre Berufstätigkeit ausüben, wenn sie ihre Kinder guten Gewissens in Betreuungseinrichtungen geben können. Der Staat muss also dafür sorgen, dass Kinderbetreuungseinrichtungen entsprechend finanziert, ausgebaut und das Personal aus- und fortgebildet wird, damit bedürfnisorientierte Kinderbetreuung möglich wird. Und die Betreuung muss auch für Kinder im Grundschulalter gelten. In kaum einem Bundesland wird der Betreuungsbedarf bisher auch nur annähernd gedeckt.[19]

Der Betreuungsbedarf ist nicht annähernd gedeckt.

Verlässlichkeit: Oft wird die Flexibilität als Allheilmittel der Vereinbarkeitsprobleme beschrieben. Und natürlich ist es gut, wenn Eltern ihre Arbeitszeiten, den Arbeitsort und auch den Arbeitsumfang halbwegs flexibel gestalten können. Noch viel wesentlicher aber ist, dass Eltern ein Konstrukt haben, auf das sie sich verlassen können. Spätestens seit der Coronakrise wissen wir, wie zehrend es ist, jeden Tag aufs Neue die Kinder und die Arbeit zu dirigieren und Zuständigkeiten neu zu verhandeln. Wir brauchen also einen Staat, der seinen Teil des Gesellschafts-

vertrags einhält und die Kinderbetreuung flächendeckend sicherstellt.

Job-Sicherheit: Wir müssen uns darauf verlassen können, als Eltern keine Nachteile im Job zu haben. Die Realität ist aber leider noch eine andere. »Insbesondere die Rückkehr aus der Elternzeit kann für Mütter und Väter mit Diskriminierungsrisiken einhergehen. In unserer Beratung hatten wir dazu seit 2006 etwa 400 Fälle; Probleme mit dem Arbeitgeber zählen dazu, aber auch Bewerbungen nach einer längeren Elternzeit, in denen es Mütter oder Väter schwer haben, wieder auf dem Arbeitsmarkt Fuß zu fassen«, schreibt Sebastian Bickerich, Pressesprecher der Antidiskriminierungsstelle des Bundes, auf Anfrage. Die Initiative »proparents« setzt sich nun dafür ein, Elternschaft als Diskriminierungsmerkmal in das Allgemeine Gleichstellungsgesetz aufzunehmen.

Aufwertung der Care-Arbeit: Bisher werden Menschen, die Fürsorge-Arbeit leisten, an den Rand gedrängt: Weil wir ihnen verächtliche Namen geben wie »Hausmutti« oder weil wir sie durch schlechte Bezahlung in den Pflegeberufen abwerten. Die Care-Arbeit übernehmen berufstätige Eltern vermeintlich nebenbei. »Care-Arbeit ist die Arbeit, die gemacht werden muss, damit wir gut leben können. Damit wir überhaupt leben können. Care-Arbeit ist existenziell. Ohne Care kein Leben«, schreibt Mareice Kaiser dazu.[20] Wir brauchen eine Politik, die Care-Arbeit sichtbar macht und Menschen, die diese leisten, finanziell unterstützt. Weitere wichtige Forderungen finden sich im Equal Care Manifest von Almut Schnerring und Sascha Verlan.[21]

Das brauchen wir von Unternehmen

Unternehmenskultur: Viele Arbeitgebende werben mit dem Label »familienfreundlich«. Sie installieren Eltern-Kind-Büros und eine Wickelauflage im Frauen-Klo. Doch wie bei der Kindererziehung sind nicht die einzelnen Handlungen von Bedeutung, sondern die generelle Haltung. Zumal ich bezweifle, dass jemand tatsächlich mit einem Zweijährigen mehrere Stunden am Stück in einem solchen Büro arbeiten könnte. Wir hatten es schon: Fürsorge und Job, das geht nicht zusammen. Viel entscheidender als ein solches Büro ist eine Unternehmenskultur, in der weder Mütter noch Väter ein schlechtes Gewissen haben müssen, wenn sie ihr fieberndes Kind zu Hause betreuen. In der sie nicht um ihre Karriere bangen müssen, sobald sie Elternzeit beantragen. In der ihr Elternsein als Kompetenz und nicht als Defizit erachtet wird. »Wir brauchen Menschen in Führungsverantwortung, die die Sorgearbeit von sich selbst und anderen mitdenken«, schreibt Mareice Kaiser.[22] Und wir brauchen Unternehmen, die ihren Teil der Abmachung verlässlich einhalten. Die Maßnahmen zur besseren Vereinbarkeit dürfen nicht von Lust und Laune der Vorgesetzten abhängen, sie sollten zuverlässig jederzeit gelten.

Flexibler Arbeitsort: Gerade in der Coronakrise haben viele Eltern das Homeoffice zu schätzen gelernt. Für Berufstätige mit Fürsorgeverantwortung kann das Arbeiten von zu Hause eine echte Entlastung sein, zumal etwa unbezahlte Fahrtzeiten durchs Pendeln wegfallen. Doch Soziologin Jutta Allmendinger mahnt zur kritischen Betrachtung, vor allem dann, wenn vorwiegend Mütter die Option fürs Homeoffice vorziehen: »Frauen sind ja gerade erst im öffentlichen Leben angekommen, werden so aber wieder der Sichtbarkeit beraubt.«[23]

Zeitsouveränität: »Tatsächlich stellt der Faktor Zeit eine entscheidende Stellschraube dar, um Vereinbarkeit zu fördern, nicht zuletzt, um präventiv drohenden Überlastungsmomenten entgegenzuwirken«, heißt es im Fehlzeiten-Report 2017.[24] Vertrauensarbeitszeit und Langzeitkonten wären eine Möglichkeit, ganzheitlicher aber ist das Modell der lebensphasenorientierten Personalpolitik. Hier können Beschäftigte ihre Arbeitszeiten mit den verschiedenen Lebensphasen flexibel in Einklang bringen. Doch Menschen müssen Care-Arbeit übernehmen können, ohne dabei in finanzielle Not zu geraten. Nicht jede Familie kann sich Teilzeitarbeit leisten. Und was die Vollzeitarbeit betrifft, können Alleinerziehende kaum 40 Stunden oder gar mehr arbeiten. Wenn wir sehen, dass 40 Stunden Arbeitszeit nicht mit Fürsorgeverantwortung zusammenzubringen sind, sollten wir neu darüber verhandeln, was Vollzeit eigentlich bedeutet.

Mental Load: Auch im beruflichen Kontext haben wir oft eine ungleiche Verteilung der mentalen Last (siehe Kapitel 4): Wer bereitet Meetings vor? Wer schreibt das Protokoll? Wer besorgt die Geschenke für den Geburtstag? Und wer kümmert

An Lebensphasen orientierte Berufstätigkeit

sich darum, dass der gammelige Waschlappen in der Küche ausgetauscht wird? »Das sind alles Aufgaben, die total wichtig sind für das Miteinander im Team und auch für das Erzielen guter Arbeitsergebnisse. Aber sie werden zum großen Teil von Frauen erledigt«, sagt Mental-Load-Expertin Patricia Cammarata. Ist Gleichberechtigung der Schlüssel zur besseren Vereinbarkeit, dann müssen wir auch hier kritischer hinschauen.

Mental Load: auch im Job ein Faktor

Das brauchen wir zur Kinderbetreuung

Wir brauchen eine bedürfnisorientierte Betreuung — und zwar in alle Richtungen gedacht. Wir brauchen eine pädagogisch hochwertige Kinderbetreuung, die sich an den Bedürfnissen der Kinder orientiert. Wir brauchen Erzieherinnen und Erzieher, die die Kinder liebevoll begleiten und ihnen Raum zum Wachsen geben. Die Kita muss ein Ort sein, an dem wir unsere Kinder sicher aufgehoben wissen.

Genauso brauchen wir eine Kinderbetreuung, die die Bedürfnisse des pädagogischen Fachpersonals anerkennt, statt die Mitarbeitenden auszubeuten. Dazu brauchen wir einen Personalschlüssel, der es ihnen ermöglicht, ihren eigenen Ansprüchen gerecht zu werden. Und eine Bezahlung, mit der sie ihre eigenen Familien ernähren können. Das Personal braucht Wertschätzung, von der Gesellschaft, aber auch von uns Eltern. Wir sollten nicht von uns erwarten, Super-Mütter und Super-Väter zu sein. Genauso wenig können Erzieherinnen und Erzieher immerzu perfekte Pädagogen sein.

Ebenso brauchen wir eine Kinderbetreuung, die sich an den Bedürfnissen der Familien orientiert. Statt auf festgezurrte Strukturen, enge Zeitfenster und unumstößliche Regeln zu bestehen, muss sich auch die Betreuungseinrichtung darauf einlassen, was Familien wirklich brauchen. Dazu muss Raum zum Austausch geschaffen werden. Eltern und Personal müssen wertschätzend und auf Augenhöhe miteinander kommunizieren können. Oft sind es Denkbarrieren, die diese Flexibilität verhindern. Beispiele aus der Praxis aber zeigen, dass es anders geht, wie etwa in der Kita unserer Töchter.

Diese Kita ist unsere sichere Bank. Sie macht es uns überhaupt erst möglich, unsere Berufstätigkeit in dem Umfang auszuüben, wie wir das momentan tun. Das liegt unter anderem an Folgendem:

- **Atmosphäre:**
  Die Kinder fühlen sich jederzeit angenommen und erwünscht — und so geht es uns auch als Familie. Die Kita ist ein Ort, an dem wir gern sind. Darum haben wir auch kein schlechtes Gewissen, wenn unsere Kinder mal in einer Woche einige Stunden länger dort bleiben.

- **Flexibilität:**
  Die Kita hat von 7 bis 17 Uhr geöffnet. Bis auf kleine Zeitfenster fürs Essen oder den Mittagsschlaf gibt es keine festen Zeiträume, in denen die Kinder gebracht oder abgeholt werden müssen. So können wir die Betreuungszeiten flexibel an unser Arbeitspensum anpassen.

- **Partizipation:**
  Wir Eltern haben die Möglichkeit, am Kita-Alltag teilzunehmen. Wir können etwa zum Frühstück bleiben oder nachmittags noch mit einem Kaffee im Garten sitzen. Darum fühlt sich die Kita weniger als Ort für die Kinder, sondern vielmehr als ein Ort für die ganze Familie an.

- **Geschwisterbetreuung:**
  Spätestens wenn das Kind in die Grundschule kommt, kommen Eltern schnell in Betreuungsnöte, weil plötzlich die gesamten Ferien irgendwie abgedeckt werden müssen. Da haben wir einen enormen Bonus: Ehemalige Kita-Kinder dürfen die Einrichtung jederzeit besuchen. Selbst meine Teenager-Tochter verbringt noch hin und wieder einen Tag in ihrem alten Kinderhaus.

Hand aufs Herz

Geben wir den bedeutsamen Fragen doch noch einmal den Raum, den sie verdienen. Die Antworten darauf könnten uns helfen, unser Leben neu zu sortieren – und Platz für das Wesentliche zu schaffen.

- Wie wichtig ist mir mein Job?
- Wie wichtig ist mir die Zeit mit der Familie?
- Was brauchen wir als Familie?
- Wer kann uns unterstützen?
- Gelingt es mir, wertzuschätzen, was ich und andere an Care-Arbeit leisten?
- Welchen Lebensstandard brauche ich und wie viel Arbeit muss ich leisten, um mir ein gutes Leben zu erlauben?
- Was glaube ich für Erwartungen erfüllen zu müssen – als Elternteil und im Berufsleben?
- Bin ich bereit, für eine gewisse Zeit im Job oder in der Familie kürzer zu treten?
- Kann ich auch später noch Karriere machen?
- Passt mein Job noch zu mir und zu unserem Leben?

Zum Abschluss

Ein paar Worte zum Schluss

Noch stärker als erwartet hat mich die Arbeit an diesem Buch zum Nachdenken gebracht. Darüber, wie wir unser alltägliches Leben gestalten und die Verantwortlichkeiten teilen. Darüber, wie viel Raum die wirklich bedeutsamen Dinge in unserem Alltag haben. Darüber, was wir unseren Kindern vorleben und was davon sie in ihr Erwachsenen-Dasein mitnehmen werden. Es ging also nicht nur darum, wie wir mehr Entlastung finden. Viel entscheidender war und ist die Antwort auf die fundamentale Frage: Was ist das eigentlich für mich, ein gutes Leben?

Inzwischen ist mir das erheblich klarer geworden. Es ist ein Leben, das mir erfüllte Begegnungen ermöglicht mit den Menschen, die mir wichtig sind. Es ist ein Leben mit einem Zuhause, in dem ich mich beheimaten kann. In dem ich auch im Alltag immer wieder die tiefe Liebe zu meinen Kindern spüre. Ein Leben, in dem ich echte Freude darin spüre, meine Kinder beim Großwerden zu begleiten.

Viele Herausforderungen werden bleiben. Familie ist eben kein Spaziergang. Doch Überforderung muss sie auch nicht bedeuten. Ein gutes Leben ist für mich eines, das wir bewältigen und in dem wir auch im Alltäglichen Genuss finden können. Ein Leben, in dem wir uns bewusst entscheiden, wofür wir unsere Zeit, unsere Aufmerksamkeit und unsere Energie aufwenden. Ein Leben, in dem wir uns verbunden und einander verpflichtet fühlen.

Die Klarheit darüber ist eine absolute Erleichterung. Denn jetzt kann ich mir wirklich, mit reinem Herzen, erlauben, nicht alles so schwer nehmen zu müssen. Das gute Leben, es ist leicht.

Unsere Expertinnen und Experten

Margrit Stamm ist emeritierte Professorin für Pädagogische Psychologie und Erziehungswissenschaften an der Universität Fribourg-CH. Sie leitet das von ihr gegründete Forschungsinstitut »Swiss Education« mit Sitz im schweizerischen Aarau. Ihre Forschungs- und Publikationsschwerpunkte liegen in den Bereichen Frühkindliche Bildung und Familie, Kinder und Geschlechterrollen sowie Chancengerechtigkeit.

Rita Schilke ist seit 2010 als Aufräumcoachin in Berlin und in der gesamten Bundesrepublik tätig, inzwischen hauptberuflich. Zuvor hatte sie unterschiedliche berufliche Stationen: Nach einer technischen Ausbildung arbeitete sie in Buchhaltung, Logistik, Hauswirtschaft und in der ambulanten psychiatrischen Pflege. Die vielfältigen Erfahrungen ermöglichen ihr dabei, auf die besonderen Wünsche und Bedürfnisse der Menschen, mit denen sie arbeitet, einzugehen.

Herbert Renz-Polster ist Facharzt für Kinder- und Jugendmedizin und arbeitet projektweise als Wissenschaftler für das Mannheimer Institut für Public Health der Universität Heidelberg. Er veröffentlichte zahlreiche Bücher und gilt spätestens seit seinem 2009 erschienenen Bestseller *Kinder verstehen* als Erziehungsexperte. Auf seinem gleichnamigen Blog *kinder-verstehen.de* ordnet Renz-Polster immer aktuelle Diskurse zu kindlichen Entwicklungs-, Gesundheits- und Erziehungsfragen ein.

Cornelia Kroes ist Diplom-Psychologin und arbeitet seit vielen Jahren selbstständig in eigener Praxis in Münster. Als Paar- und Familientherapeutin sowie als Hypnotherapeutin stehen Paare und Familien im Fokus ihrer Arbeit. Die Mutter zweier Söhne kennt die Herausforderungen der anspruchsvollen Situation, Mutterschaft, Partnerschaft und das eigene Leben unter einen Hut zu bringen.

Gerald Hüther ist Neurobiologe und Autor zahlreicher Bestseller. In seiner Arbeit beschäftigt sich Hüther unter anderem mit dem Einfluss von Erfahrungen wie Angst und Stress auf die Hirnentwicklung. Eines seiner jüngst erschienen Bücher ist *Lieblosigkeit macht krank: Was unsere Selbstheilungskräfte stärkt und wie wir endlich gesünder und glücklicher werden*.

Birk Grüling ist Papa eines fünfjährigen Sohnes, Wissenschaftsjournalist und (Kinder-)Buchautor. Am liebsten schreibt er über untergegangene Kulturen, ausgestorbene Tiere und ungewöhnliche Forschung. Wie Vereinbarkeit von Familie und Beruf gelingen kann, beschreibt er in seinem Buch *Eltern als Team*.

Quellenangaben

Kapitel 1

1 Kim John Payne: Simplicity Parenting
2 Fumio Sasaki: Das kann doch weg! Das befreiende Gefühl, mit weniger zu leben
3 https://www.ifd-allensbach.de/fileadmin/IfD/sonstige_pdfs/Rahmenbedingungen_Bericht.pdf
4 Laura Fröhlich: Die Frau fürs Leben ist nicht das Mädchen für alles
5 https://www.rnd.de/familie/expertin-uber-eine-gelungene-kindererziehung-wir-eltern-durfen-es-uns-leicht-machen-TIB2ZNNDAZADXMX53GQCBDH2I4.html
6 https://www.welt.de/kmpkt/article204301640/Toxic-Positivity-Darum-solltest-du-dich-nicht-immer-auf-das-Positive-konzentrieren.html
7 Diane Boden: Minimalist Moms: Living and Parenting with Simplicity
8 Susanne Mierau: Mutter. Sein.: Von der Last eines Ideals und dem Glück des eigenen Wegs
9 https://www.littleyears.de/blog/wir-muessen-etwas-an-unserer-sicht-auf-elternschaft-aendern-susanne-mierau/
10 Nora Imlau: Mein Familienkompass
11 Danke an Autorin Rike Drust, die genau dieses Wort in unserem Interview hat fallen lassen: https://www.rnd.de/familie/kinder-bucher-auf-instagram-autorin-rike-drust-uber-bookstagram-buchmutter-und-ihr-neues-buch-das-ei-von-aua-SWSNECBYFNFLVDXODW4GX7MFHY.html

Kapitel 2

1 Adli, M., Schöndorf, J. Macht uns die Stadt krank? Wirkung von Stadtstress auf Emotionen, Verhalten und psychische Gesundheit. Bundesgesundheitsbl 63, 979–986 (2020). https://doi.org/10.1007/s00103-020-03185-w
2 Ulrike Scherzer, ELTERN family 11/19
3 https://www.eltern.de/mein_baby/baby_alltag/schlafstudie_ergeb.html
4 https://www.bmfsfj.de/resource/blob/163108/ceb1abd3901f50a0d-c484d899881a223/familienreport-2020-familie-heute-daten-fakten-trends-data.pdf
5 Sendung Xenius: Aufräumen — wie Ordnung unser Leben verbessern kann, Youtube
6 Marie Kondo: Magic Cleaning: Wie richtiges Aufräumen Ihr Leben verändert

KAPITEL 3

1 https://www.herder.de/kizz/hefte/archiv/2018/3-2018/die-vermessung-der-kindheit/
2 https://www.spiegel.de/wirtschaft/soziales/eltern-geben-im-schnitt-763-euro-fuer-ihr-kind-aus-pro-monat-a-d60bdf3d-d0c4-467b-b539-b1b8154a2c9e
3 https://www.brandeins.de/magazine/brand-eins-wirtschaftsmagazin/2010/familie/leichte-beute
4 Siegler et al.: Entwicklungspsychologie im Kindes- und Jugendalter
5 Nora Imlau: Mein Familienkompass
6 Jesper Juul: Eltern-Coaching
7 Nora Imlau: Mein Familienkompass
8 Jesper Juul: Vier Werte, die Kinder ein Leben lang tragen
9 https://www.theatlantic.com/health/archive/2018/11/how-perfectionism-can-be-destructive/574837/

10 Siegler et al.: Entwicklungspsychologie im Kindes- und Jugendalter
11 ebd.
12 ebd.
13 ebd.
14 https://pubmed.ncbi.nlm.nih.gov/21386994/
15 ELTERN 2/20
16 ELTERN 12/18
17 ebd.
18 https://www.daserste.de/information/wissen-kultur/w-wie-wissen/sendung/2012/die-neuen-vaeter-kuschelweich-und-fuersorglich-100.html
19 https://ze.tt/stillen-ist-liebe-stillen-ist-stillen/
20 Ahnert, L. (2005). Parenting and alloparenting: The impact on attachment in human
21 https://www.sueddeutsche.de/wissen/erziehung-man-kann-seine-kinder-auch-einfach-nur-geniessen-1.1062666

KAPITEL 4
1 ELTERN family, Ausgabe 10/2020
2 Deutsche Übersetzung: https://krautreporter.de/1983-du-hattest-doch-bloss-fragen-mussen
3 https://www.rnd.de/familie/mom-shaming-depression-und-burnout-bei-muttern-kinderarztin-mahnt-YR3WZYUGUNG4TISZ4VZ55Y4RAM.html
4 Mareice Kaiser: Das Unwohlsein der modernen Mutter
5 https://www.rnd.de/beruf-und-bildung/frauen-in-job-und-haushalt-interview-mit-patricia-cammarata-uber-neues-buch-raus-aus-aus-der-mental-load-falle-7DM5JQBHX5HELLMKQHWP7CT3EA.html
6 Patricia Cammarata: Raus aus der Mental Load Falle

7 https://heuteistmusik.de/die-ultimative-steuerboard-liste/
8 Patricia Cammarata: Raus aus der Mental Load-Falle
9 https://www.rnd.de/familie/die-perfektion-wird-zu-kurz-kommen-autorin-robles-salgado-uber-gleichberechtigte-elternschaft-VRWN4MJUIZH4RDFVB73PYE2KJU.html
10 Laura Fröhlich: Die Frau fürs Leben ist nicht das Mädchen für alles
11 Greg McKeown: Essentialismus
12 Nicola Schmidt: Erziehen ohne Schimpfen
13 https://www.welt.de/politik/deutschland/article145685980/Eltern-verzichten-fuer-Kinder-oefter-auf-Freizeit.html
14 Nicola Schmidt: Der Elternkompass
15 Diane Boden: Mimimalist Moms
16 Julia Scharnowski: Einatmen. Ausatmen. Mutter sein
17 https://de.statista.com/statistik/daten/studie/318160/umfrage/alleinerziehende-in-deutschland-nach-geschlecht/

KAPITEL 5
1 https://sz-magazin.sueddeutsche.de/freie-radikale-die-ideenkolumne/eltern-streiken-corona-pandemie-seelische-folgen-teresa-buecker-89754
2 Birk Grüling: Eltern als Team
3 https://gluecklichscheitern.com/2017/05/03/interview-feminismus-mutterschaft-14-muttersein-ist-nicht-genug/
4 https://www.rnd.de/familie/fehlzeiten-im-job-deshalb-brauchen-eltern-kein-schlechtes-gewissen-zu-haben-DWELOBQWWZFOFJWSVWKJPRAVXQ.html
5 ebd.
6 Mareice Kaiser: Das Unwohlsein der modernen Mutter

Quellenangaben

7 https://www.spiegel.de/karriere/verblueffende-arbeitszeiten-vaeter-arbeiten-mehr-als-kinderlose-kollegen-a-803790.html

8 https://www.zeit.de/zeit-magazin/leben/2017-08/jutta-allmendinger-frauen-entscheidungen

9 https://www.bertelsmann-stiftung.de/de/unsere-projekte/beschaeftigung-im-wandel/projektnachrichten/kurzexpertise-frauen-auf-dem-deutschen-arbeits-markt#:~:text=Dabei%20sprechen%20die%20Zahlen%20eine,Lifetime%20Penalty%20nahezu%2070%20Prozent

10 http://library.fes.de/pdf-files/dialog/11431.pdf

11 Siehe z. B. Jutta Allmendinger: Es geht nur gemeinsam!

12 https://www.spiegel.de/karriere/oecd-studie-frauen-in-deutschland-arbeiten-weniger-als-in-anderen-laendern-a-1135137.html

13 https://www.destatis.de/DE/Presse/Pressemitteilungen/Zahl-der-Woche/2021/PD21_19_p002.html;jsessionid=0EE599814C-1BF542E0161E9F4D4D2C9E.live722

14 https://www.sueddeutsche.de/leben/muetter-im-21-jahrhundert-warum-wird-mir-alles-zuviel-1.1527913

15 https://library.fes.de/pdf-files/dialog/12901.pdf

16 https://sz-magazin.sueddeutsche.de/freie-radikale-die-ideenkolumne/eltern-streiken-corona-pandemie-seelische-folgen-teresa-buecker-89754

17 https://www.spiegel.de/karriere/care-arbeit-und-die-haeusliche-gehaltsluecke-warum-das-gleiche-nicht-gerecht-ist-a-a64b128d-d206-4360-8246-5b4bdbb11d16

18 Regina Ahrens (2020) Familie und Beruf. In: Ecarius J., Schierbaum A. (eds) Handbuch Familie. Springer VS, Wiesbaden. https://doi.org/10.1007/978-3-658-19861-9_5-1

19 https://www.spiegel.de/panorama/bildung/in-deutschland-fehlen-645-000-betreuungsplaetze-fuer-grundschulkinder-a-c629a2fd-735b-4ab3-80d8-6621a89d54a7

20 Mareice Kaiser: Das Unwohlsein der modernen Mutter

21 https://equalcareday.de/manifest-kurzfassung/

22 Mareice Kaiser: Das Unwohlsein der modernen Mutter

23 https://www.rnd.de/wissen/gleichberechtigung-bei-kinderbetreuung-im-lockdown-jutta-allmendinger-im-interview-DOBGOYEX4VGURE7JH3A7ASFMI4.html

24 Jutta Rump und Silke Eilers (2017) Die Vereinbarkeit von Beruf und privater Lebenssituation — Krisenfestigkeit und Resilienz stärken durch Entschleunigung. In: Badura B., Ducki A., Schröder H., Klose J., Meyer M. (eds) Fehlzeiten-Report 2017. Fehlzeiten-Report, vol 2017. Springer, Berlin, Heidelberg. https://doi.org/10.1007/978-3-662-54632-1_22

Literaturhinweise zum Weiterlesen

Wer gemäß des Weniger-ist-mehr-Prinzips nur ein einziges weiteres Buch lesen will, dann empfehle ich unbedingt von Nora Imlau *Mein Familienkompass: Was brauch ich und was brauchst du?*, Ullstein.

Wer mehr Zeit zum Lesen hat, findet u. a. hier noch weitere spannende Inhalte:

Fumio Sasaki:
- Das kann doch weg!: Das befreiende Gefühl, mit weniger zu leben. 55 Tipps für einen minimalistischen Lebensstil, Integral.

Diane Boden:
- Minimalist Moms — Living and Parenting with Simplicity, Mango.

Mareice Kaiser:
- Das Unwohlsein der modernen Mutter, Rowohlt.

Margrit Stamm:
- Du musst nicht perfekt sein, Mama!: Schluss mit dem Supermama-Mythos — Wie wir uns von überhöhten Ansprüchen befreien, Piper.

Nicola Schmidt:
- Der Elternkompass, GU.
- artgerecht — das andere Baby-Buch, Kösel.
- Slow Family: Sieben Zutaten für ein einfaches Leben mit Kindern, Beltz.
- Erziehen ohne Schimpfen, GU.
- Mit Klaus Althoff: Vater werden, GU.

Herbert Renz-Polster:
- Kinder verstehen. Born to be wild: Wie die Evolution unsere Kinder prägt, Kösel.
- Menschenkinder — Plädoyer für eine artgerechte Erziehung, Kösel.

Jesper Juul:
- Vier Werte, die Kinder ein Leben lang tragen, GU.
- Elterncoaching — Gelassen erziehen, Beltz.

Susanne Mierau:
- Mutter. Sein.: Von der Last eines Ideals und dem Glück des eigenen Wegs, Beltz.
- Frei und unverbogen: Kinder ohne Druck begleiten und bedingungslos annehmen, Beltz.

Kim John Payne:
- Simplicity Parenting: Weniger ist mehr — Was Kinder wirklich brauchen, um ausgeglichen, glücklich und rundum geborgen aufzuwachsen, Heyne.

Eliane Retz & Christiane Stella Bongertz:
- Wild Child: Entwicklung verstehen, Kleinkinder gelassen erziehen, Konflikte liebevoll lösen, Piper.

Danielle Graf & Katja Seide:
- Das gewünschteste Wunschkind treibt mich in den Wahnsinn, Beltz.

Patricia Cammarata:
- Raus aus der Mental Load-Falle: Wie gerechte Arbeitsteilung in der Familie gelingt, Beltz.

Laura Fröhlich:
- Die Frau fürs Leben ist nicht das Mädchen für alles!: Was Eltern gewinnen, wenn sie den Mental Load teilen, Kösel.

Birk Grüling:
- Eltern als Team: Ideen eines Vaters für gelebte Vereinbarkeit, Kösel.

Marie Zeisler & Isabel Robles Salgado:
- Fifty-fifty-Eltern: Raus aus der Mama ist für alles da Falle. So gelingt euch die gleichberechtigte Elternschaft, Humboldt.

Inke Hummel:
- Mein wunderbar schüchternes Kind, Humboldt.
- Mein wunderbar wildes Kind, Humboldt.

Register

Achtsamkeit 20, 111
Alleinerziehende 35, 114ff.
Alltag
   voller 9, 10, 11, 17, 25, 68, 88, 89, 92f.,
      102, 105, 109, 110, 111
   idealer 140
Altersabsicherung 138
Ambiguitätstoleranz 87
Animationsprogramme 110
Anlage und Umwelt 78f.
Anschaffungen, sinnlose 44f.
Ansprüche 12, 13, 27, 48, 117, 133, 136, 139,
Arbeit 16, 123, 127, 128f., 137
   Fallbeispiele 140f.
   Fehlzeiten 125
   Wiedereinstieg 133
Arbeitsmarkt, Eltern auf dem 126, 129, 144f.
Arbeitsort, flexibler 143, 145
Arbeitsteilung zu Hause 98
artgerecht leben 9, 20, 70, 72, 113
Atmung zum Stressabbau 89
Attachment Parenting (AP) 15, 82
Auf dem Land leben 31ff.
Aufräumen 51, 60f., 103
   Rituale 61
Ausmisten 58, 60
   Bindungsirrtümer 83
   Erziehungsmythen 72
   Glaubenssätzen 20
   Terminkalender 110, 139
Aussortieren 57, 58,
   Checkliste 57
Ausstattung, Kinderzimmer 41
Authentizität 77
Autonomie 14, 107, 111
Ballast abwerfen 18, 22, 37, 40, 56, 69, 83, 139
Bauchgefühl 86
Bedürfniserfüllungsmaschinen 125
Bedürfnisorientierung 81
Bindung 15, 47, 65, 70, 79, 81f., 83f., 86, 131
Bindungsirrtümer 83f.
Bindungsorientierung 15
Bindungspersonen 70, 81, 84, 114
Boden, Diane 21, 58, 110
Brisch, Karl Heinz 86
Bücker, Teresa 123, 136

Cammarata, Patricia 94, 96, 98, 100, 103
Care-Arbeit 84, 130, 133, 144, 145, 147
Do-it-yourself-Bewegung 103
Dorf 30f., 113f., 116
Durchschlafen 69
Egal-Kompetenz 8, 78, 137
Eltern als Heimatgeber 70, 73, 74, 88
Elterngeld 16, 135, 143
Elternzeit 15, 126, 131f., 134f., 137f., 144
Entrümpeln 42, 88, 105, 113
Entscheidungsmüdigkeit 40, 94
entschleunigen 9, 88, 137
Entwicklung des Kindes 55, 65f., 69, 70, 71f., 74, 78f.,
   des Spielens 53
Epigenetik 80
erfülltes Leben 4, 16, 18, 50, 93, 125
Erinnerungskiste 58
Erwerbsarbeitsfetisch 122
Erziehung 65, 67, 70f., 75, 76, 78, 85, 107
Extraktionsmodell 71
Familienmanagement 95, 136
Familienmodelle 132, 140
Familienorganisation 104
Familienvision 132f.
Fehler zulassen 13, 18, 21ff., 27, 56, 78, 86, 108
Flexibilität 79, 140, 146
FOMO – Fear Of Missing Out 109
Fröhlich, Laura 11, 100, 102, 103, 104
Fundamentalkompetenzen 71
funktionierende Kinder 68f.
Fürsorgeverantwortung 129ff., 134, 142, 145
Gegenwart 23, 24, 25, 34, 74, 138
Gelassenheit 19, 20, 79, 81, 84, 85, 137
genetisches Erbe 79, 107
Geschenke 47
   Alternativen 49
   nützliche und überflüssige 46
   unliebsame 47
Give-aways *siehe* Mitgebseltüten 49
Glaubenssätze 18f., 20, 41, 112, 137
Gleichberechtigung 95, 98, 130ff., 146
Gleichwürdigkeit 77
Grenzen wahren 83
Grüling, Birk 27, 123, 130f., 149
Grundbedürfnisse stillen 41, 81

gut genug 9, 12, 14, 67, 122
gute Mutter 11, 12f., 18f., 23, 26, 135, 137
Heimatgeber, Eltern als 70, 73, 74, 88
Hüther, Gerald 67, 74, 93, 106f., 149
Imlau, Nora 16, 23, 44, 74, 75
in der Stadt leben 31ff.
Inszenierung von Elternschaft 21
Integrität 77
Job 31, 97, 120f., 122, 123ff., 129, 130f., 134, 135ff., 144, 145, 146f.
JOMO – Joy Of Missing Out 109
Juul, Jesper 71, 77, 86, 89
Kaiser, Mareice 84, 129, 144, 145
Karriere 4, 16, 121, 133, 137, 147
Kinder
   mitentscheiden lassen 59
   mithelfen lassen 104
Kinderbetreuung 16, 83, 85, 123, 124, 130, 135, 141, 143f., 146, 147
Kindergeburtstag, minimalistisch 48f.
   Planung 49
Kinderzimmer 35, 37f., 41, 51, 60f.
   Ordnung 58, 60f.
   Zonen und Bereiche 61
Kondo, Marie 42, 59, 103
Konsum 9, 39f.
Kroes, Cornelia 20, 96, 97, 99, 149
Last der Dinge 56
Lebensfundament 71, 74
Leichtigkeit 17, 25, 27, 28–61, 69, 77, 82, 104, 111, 121
Leihen statt Kaufen 42
Leistungsgesellschaft 9, 71, 123
Leistungsideal 66f.
Loslassen 103, 117
Mental Load 40, 56, 94ff., 100ff., 114, 133, 145f.
Mierau, Susanne 22
Minimalismus 10, 25, 35, 49, 58, 89, 122
Mitgebseltüten 49
Nähe und Geborgenheit 41, 81f., 86
Netzwerke 20, 21, 113
Normen 26, 32, 69, 135
okay sein 5, 27, 67, 87
Ordnung 60f.
Partnerschaft 95ff., 134
   Kommunikation 96, 97
Payne, Kim John 9, 51, 57
Perfektionismus 16, 77, 82, 86
Platzbedarf 35
   von Kindern 37
Politik 16, 135f.,
   Forderungen an die 142ff.
   psychische Beeinträchtigungen bei Kindern 79

Rahmengebung der Eltern 73
Renz-Polster, Herbert 69, 70f., 74, 149
Resilienz 79, 82
Rollenerwartungen 17
Rollenideale 105
Rollenzuschreibungen 16, 95, 100
Rushhour des Lebens 4, 111, 135
SAFE-Elternkurse 86
Sasaki, Fumio 10, 11, 25, 36, 37, 47
Schilke, Rita 60f., 149
schlechtes Gewissen 22, 48, 56, 85, 110, 114, 122, 124, 145
Schmidt, Nicola 89, 105
Sentimentalitäten 56, 58
Spielen 50, 51, 52, 53, 55, 60, 72f., 108, 114
Spielzeug 50, 59
   aufräumen 51
   aus Alltagsdingen 52
   weniger ist mehr 51
spielzeugfreie Zeit 52f., 54f.
Stamm, Margrit 12, 55, 64, 114, 149
Stimulationsindustrie 67, 74, 107
Stress 11, 20, 69, 80, 93, 105
   reduzieren 88, 89, 111f., 116
Supermama 12, 13, 15
Teamgeist 129
Toleranz 23, 46, 77
Toxic Positivity 20
Überforderung 5, 8ff., 20, 69, 93, 121
Übersicht *siehe* Ordnung
Unternehmen, familienfreundliche 130ff., 144
Unzulänglichkeit, Gefühl der 5, 22, 24, 93, 125
Väter 14f., 16ff., 71, 95, 98, 100, 129ff.
Verantwortung 77, 80, 84, 86, 89, 98f., 102, 130ff., 142
Verbundenheit 107
Vereinbarkeit 122, 123f., 126, 129, 130f., 134, 138, 143, 145, 146
Vererbung von Erfahrungen 80
Verlässlichkeit 143
Versagensängste 9, 22, 23, 26, 67, 83
Verunsicherung 8, 65
Vielfalt 31, 135, 138, 140
Wasserfallen, Susanne 54f.
Weglassen 101
Werte 26, 75ff., 79, 85
Wettbewerbsdenken 67, 82, 108
Wohnen 30ff.
Wohnraum 31
Wünsche 46ff.
Wunscherfüllung 46
Zeitmanagement 112
Zeitsouveränität 145
Zugehörigkeit 70, 78

Programmleitung Monika Schlitzer
Redaktionsleitung Dr. Kerstin Schlieker
Projektbetreuung Caren Kinscherf
Herstellungsleitung Dorothee Whittaker
Herstellungskoordination Claudia Rode
Herstellung Jenny Kolbe

© Dorling Kindersley Verlag GmbH, München, 2022
Ein Unternehmen der Penguin Random House Group
Alle Rechte vorbehalten

ELTERN Ratgeber ist ein geschütztes Zeichen der Grüner + Jahr GmbH
Alle Rechte vorbehalten

Jegliche — auch auszugsweise — Verwertung, Wiedergabe,
Vervielfältigung oder Speicherung, ob elektronisch, mechanisch,
durch Fotokopie oder Aufzeichnung, bedarf der vorherigen
schriftlichen Genehmigung durch den Verlag.

Text Leonie Schulte
Lektorat Anke Wellner-Kempf

ISBN 978-3-8310-4427-6

Repro Farbsatz, Neuried/München
Druck und Bindung TBB, a.s., Slowakei

www.dk-verlag.de

Die Informationen und Ratschläge in diesem Buch sind
von den Autoren und vom Verlag sorgfältig erwogen und geprüft,
dennoch kann eine Garantie nicht übernommen werden.
Eine Haftung der Autoren bzw. des Verlags und seiner Beauftragten
für Personen-, Sach- und Vermögensschäden ist ausgeschlossen.

Dank und Bildnachweis

Danke an die großen Ms in meinem Leben.

Der Verlag dankt folgenden Personen und Organisationen für die freundliche Genehmigung zum Abdruck von Fotos:

(Abkürzungen: o = oben, u = unten, m = Mitte, l = links, r = rechts)

6–7 **Getty Images / iStock:** SolStock / E+. 8 **Getty Images / iStock:** LightFieldStudios. 9 **Getty Images / iStock:** NSimages. 10 **Getty Images / iStock:** momcilog / E+. 13 **Getty Images / iStock:** nd3000. 17 **Getty Images / iStock:** zeljkosantrac / E+. 19 **Getty Images / iStock:** SrdjanPav / E+. 22 **Getty Images / iStock:** SDI Productions / E+. 25 **Getty Images / iStock:** AleksandarNakic / E+. 26 **Getty Images / iStock:** milorad kravic / E+. 28–29 **Getty Images / iStock:** skynesher / E+. 30 **Getty Images / iStock:** AleksandarGeorgiev / E+. 33 **Getty Images / iStock:** RyanJLane / E+. 36 **Getty Images / iStock:** pixdeluxe / E+. 38 **Getty Images / iStock:** StefaNikolic / E+. 40 **Getty Images / iStock:** Helin Loik-Tomson. 43 **Getty Images / iStock:** Rawpixel. 44 **Getty Images / iStock:** AleksandarNakic / E+. 51 **Getty Images / iStock:** Halfpoint. 52 **Getty Images / iStock:** PeopleImages. 56 **Getty Images / iStock:** PeopleImages / E+. 59 **Getty Images / iStock:** Evgeniia Siiankovskaia. 62–63 **Getty Images / iStock:** eclipse_images / E+. 64 **Getty Images / iStock:** Tassii / E+. 68 **Getty Images / iStock:** Imgorthand / E+. 73 **Getty Images / iStock:** StefaNikolic / E+. 75 **Getty Images / iStock:** Ridofranz. 77 **Getty Images / iStock:** Anchiy / E+. 80 **Getty Images / iStock:** AleksandarNakic / E+. 82 **Getty Images / iStock:** visualspace / E+. 87 **Getty Images / iStock:** Strelciuc Dumitru. 88 **Getty Images / iStock:** dmphoto / E+. 90–91 **Getty Images / iStock:** Halfpoint / E+. 92 **Getty Images / iStock:** miniseries / E+. 95 **Getty Images / iStock:** jacoblund. 99 **Getty Images / iStock:** Xsandra / E+. 101 **Getty Images / iStock:** visualspace / E+. 105 **Getty Images / iStock:** eclipse_images / E+. 109 **Getty Images / iStock:** RyanJLane / E+. 110 **Getty Images / iStock:** kapulya. 112 **Getty Images / iStock:** Maryna Andriichenko. 115 **Getty Images / iStock:** AnVr / E+. 118–119 **Getty Images / iStock:** TommL. 120 **Getty Images / iStock:** svetikd / E+. 122 **Getty Images / iStock:** stockfour. 125 **Getty Images / iStock:** PeopleImages / E+. 127 **Getty Images / iStock:** Morsa Images / E+. 134 **Getty Images / iStock:** AleksandarNakic / E+. 137 **Getty Images / iStock:** visualspace / E+. 141 **Getty Images / iStock:** Wavebreakmedia. 143 **Getty Images / iStock:** StockPlanets / E+. 144 **Getty Images / iStock:** AleksandarNakic / E+. 150–151 **Getty Images / iStock:** supersizer / E+.

Umschlag: *Vorderseite:* **Getty Images / iStock:** FreshSplash / E+; *Rückseite:* **Getty Images / iStock:** LueratSatichob; *Buchrücken:* **Getty Images / iStock:** LueratSatichob. *Klappe vorn:* **iStockphoto.com:** FatCamera / E+ (o), **iStockphoto.com:** LeManna (ml), **Getty Images:** Senserini Lucrezia / Cultura (mr), **Getty Images / iStock:** damircudic / E+ (ul), **Getty Images / iStock:** Halfpoint (ur). *Klappe hinten:* privat.

Alle anderen Abbildungen © Dorling Kindersley
Weitere Informationen unter: www.dkimages.com

Noch mehr wertvoller Rat für Eltern

ISBN 978-3-8310-3795-7
16,95 € [D] / 17,50 € [A]

ISBN 978-3-8310-4231-9
16,95 € [D] / 17,50 € [A]

ISBN 978-3-8310-3918-0
16,95 € [D] / 17,50 € [A]

ISBN 978-3-8310-3716-2
16,95 € [D] / 17,50 € [A]

www.dk-verlag.de